팔복

예수님의 세계관

팔복

예수님의 세계관

전성민 지음

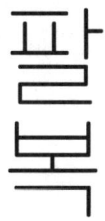
성서유니온

팔복을 살아가는 간사님께

일러두기

1) 각 장 맨 앞에 대한성서공회에서 가장 최근 번역한 『새한글성경』을 인용했다. 『새한글성경』은 "복 있습니다"라는 의미의 그리스어 '마카리오이'로 시작하는 팔복 각 구절의 그리스어 어순을 잘 반영하고 있으며, 복되다고 선언되는 대상이 단수가 아닌 복수("사람들")라는 사실 또한 잘 반영한다.
2) 책의 본문에서 기본으로 사용하는 번역은 개역개정이며 다른 번역을 인용할 경우 어떤 번역본인지를 표기했다.
3) 각 장 맨 앞에 인용한 김교신의 글은 2001년에 노평구가 편집한 『김교신 전집(4): 성서연구』(서울: 부키, 2001)의 표현을 가져왔고, 원래 출처는 미주에서 밝혔다. 읽기 까다로운 오래된 한자어 표현에는 전집에 실린 용어풀이를 각주로 달았다.

차례

서문. 평화를 일구는 예수님의 세계관 8

1. 산상수훈의 세계관을 지닌 공동체 21
2. 종교적 우생학에 대한 반란 43
3. 토요일을 사는 사람들의 행복 59
4. 온유의 십자가, 하나님의 사과 81
5. 두 가지 목마름 사이에서 105
6. 자비의 반대말, 제사 131
7. 믿음을 잃고 미끄러지려는 우리에게 163
8. 잊힌 세계관, 잃어버린 제자도 193
9. 신앙의 이유 227
10. 복입니다, 여러분은! 251

주 269
참고문헌 284

서문

평화를
일구는
예수님의
세계관

저는 『세계관적 성경읽기』에서 21세기 한국 기독교를 위한 기독교 세계관의 다섯 가지 자리와 방향을 제안했습니다. 지성뿐 아니라 욕망을 다루는 제자도, 중심을 향한 욕망이 아니라 경계를 넘는 용기, 그 경계를 넘었을 때 만나는 타자를 두려움 속에 혐오하지 않고 환대하는 복음, 다름을 대결의 이유로 삼지 않고 대화의 기회로 삼는 세계관, 그래서 하나님이 세상을 향해 지니고 계신 번영과 평화의 비전을 이루는 소명을 이야기했습니다.

『세계관적 성경읽기』에서는 다양한 본문을 살피며 이 다섯 가지 주제의 성경적 근거를 확인했습니다. 그런데 그 방식에는 한 가지 약점이 있었습니다. 제가 본문을 선택했다는 것입니다. 저의 주장을 뒷받침하는 본문만 선택하고 그렇지 않은 본문을 다루지 않는다면 공정하지 않습니다. 그래서 의도를 가지고 여러 곳에서 추려낸 본문이 아니라 한 단위의 본문을 집중해서 살펴보아도 제가 제안한 주제들을 그 본문에서 확인할 수 있는지 궁금했습니다. 기독교 세계관은 성경 전체의 드라마와 더불어 예수님의 이야기가 근본 바탕이 되어야 한다고 생각합니다. 그래서 특히 예수님의 삶과 가르침이 담긴 본문에서 제가 제안한 주제들이 공명되는지 확인해 보고 싶었습니다. 먼저 예수님의 삶과 가르침의 의미를 설명한 히브리서를 살펴보았습니다. 히브리서에도 제가 제안했던 욕망, 경계, 환대, 대화, 평화라는 다섯 가지 주제가 모두 잘 담겨 있었습니다. 이 내용은 다른 기회에 나누고 싶습니다.

예수님에 관한 말씀이라 할 수 있는 히브리서를 살펴보았으니, 그 다음으로 예수님의 삶과 가르침 자체를 담고 있는 복음서를 살펴보고 싶었습니다. 그러자 복음서에 담긴 예수님의 가르침 중에서 가장 잘 알려져 있고 가장 중요하다고 할 수 있는 산상수훈에 관심이 갔고, 그 산상수훈을 시작하는 팔복에 집중했습니다. 세계관에 대한 고민이 아니더라도 예수님 가르침의 핵심인 본문이기에 언젠가 잘 공부해 보고 싶은 본문이었습니다. 열세 장이나 되는 히브리서와 달리, 도입을 포함해 열두 절밖에 안 되는 짧은 본문이니 세계관과 관련된 저의 관심사는 잠시 뒤로 미루고 본문 자체의 의미에 우선 집중하려 했습니다. 그런데 결과는 놀라왔습니다. 팔복에서도 제가 제안했던 다섯 가지 자리와 방향을 생생하게 맞닥뜨렸습니다.

의에 주리고 목마른 사람들의 복에서 제자들에게 요청되는 욕망의 방향을 확인할 수 있었습니다. 애통하는 사람들이 살아가는 토요일의 현실을 성찰하며 죽음의 경계를 넘으신 예수님을 묵상할 수 있었습니다. 땅을 기업으로 얻는 길은 대결의 전쟁이 아니라 대화를 가능케 하는 온유함이라는 사실을 곱씹을 수 있었습니다. 자비를 베푸는 사람들의 복을 곱씹으며, 사람을 향한 자비를 하나님을 향한 제사로 대신하는 것은 환대의 복음이 아니라 혐오의 율법을 따르는 모습이라는 사실을 돌아보았습니다. 그리고 팔복은 너무나 분명하게 평화를 만드는 사람들이 하나님의 자녀라 불릴 것이라고 선언했습니다(이 요약 진술들에 대한 좀 더 자세한 설명은 각각의 복을 다루는 장들을 통해 확인하실 수 있습니다). 여덟 가지 복 중에서 다섯 가지 복이 욕망, 경계, 대화, 환대, 평화라는 주제를 품고 있었습니다.

남은 세 가지 복은 어떨까요? 심령이 가난한 사람들, 마음이 청결한 사람들, 정의를 위해 박해받는 사람들의 복이 남았습니다. 『메시지』는 심령이 가난한 사람의 복을 이렇게 번역했습니다. "벼랑 끝에 서 있는 너희는 복이 있다." 팔복의 첫 번째 복은 팔복 전체를 아우르는 서론과 같습니다. 앞으로 이어질 복들은 자신의 능력이나 자원을 통해 획득할 수 있는 게 아니라 벼랑 끝에 서 있는 사람처럼 아무것도 없는 사람들에게 주어진 선물이라는 사실을 알려 줍니다. 그렇게 복을 선물로 받은 사람들은 겸손과 감사와 사랑의 사람이 됩니다. 자신이 이 복들을 스스로 획득할 수 없다는 인식은 겸손을 심고, 복이 선물로 주어졌다는 사실은 감사를 이끌어냅니다. 그리고 그 겸손과 감사는 사람과 하나님에 대한 사랑으로 이어집니다.

그리고 남은 두 가지 복—마음이 청결한 사람들의 복, 정의를 위해 박해받는 사람들의 복—을 곱씹어 봅니다. 이 두 복은 평화를 만드는 사람들의 복과 하나의 단락을 이룹니다. 사람들은 팔복의 구조를 여러 방식으로 분석합니다. 저는 팔복의 처음 다섯 복이 하나의 단락을 이루고 뒤에 있는 세 개의 복이 그 다음 단락을 이룬다고 생각하게 되었습니다. 마지막 남은 두 복은 이 두 번째 단락을 시작하고 마무리합니다.

복 있습니다, 마음이 깨끗한 사람들은! 그들이 하나님을

뵙게 될 테니까요. (8절, 이하 새한글성경)

복 있습니다, 평화를 일구는 사람들은! 그들이 하나님의 아들딸이라 불릴 테니까요. (9절)

복 있습니다, 정의 때문에 박해를 받아 온 사람들은! 하늘나라가 그들의 것이니까요. (10절)

8절과 9절은 모두 하나님을 언급합니다. 그리고 9절과 10절은 평화와 정의라는 주제로 묶을 수 있습니다. 이렇게 8-10절을 하나님이라는 주제와 평화와 정의라는 짝으로 묶인 단락으로 생각할 수 있습니다(팔복의 짜임새를 이렇게 이해하면 앞에 나오는 다섯 가지 복도 정의를 갈구하는 사람의 복과 자비를 베푸는 사람의 복으로 끝납니다. 첫 단락을 마무리하는 정의와 자비라는 주제는 두 번째 단락의 평화와 정의라는 주제와 평행을 이룹니다).

하나의 단락을 이루는 팔복의 마지막 세 복의 관계는 다음과 같습니다. 평화와 정의를 위하는 사람들은 인정받을 수 있습니다. 그 가치들은 기독교 신앙이 없는 분들과도 공유할 수 있으니까요. 하지만 박해를 받기도 합니다. 그들이 추구하는 평화와 정의가 다른 사람을 불편하게 만들기도 하니까요. 그래서 평화와 정의를 추구하는 사람들은 인정과 더불어 박해를 경험하는데, 이때 박해 때문에 낙심하지 않기 위해서는 8절이 말하는 하나님을 보는 경험이 필요합니다. 평화와 정의의 하나님을 확신해야 합니다. 그러기 위해서는 한결같은 마음이 필요합니다(저는 청결한 마음이 순전한 마음, 한결같은 마음이라고 생각합니다—자세한 설명은 7장을 보시면 됩니다). 순전한 마음, 한결같은 마음은 평화를 이루고 정의를 구하는 삶에 꼭 필요합니다.

하나님의 새로운 백성인 예수님의 제자들은 하나님을 본 확신 위에 살아가는 사람들입니다. 그런데 이 확신은 선물로 주어진 복입니다. 복된 사람들을 겸손케 하는 선물입니다. 그래서 예수님의 제자들은 확신을 지닌 사람인 동시에 겸손한 사람입니다. 겸손한 확신이야말로 참 제자들의 덕입니다. 그리고 이들은 자신이 따라가는 예수님처럼 자비와 평화와 정의를 구하는 사람들입니다. 평화와 정의의 세계관을 지닌 사람들입니다(미 6:8; 마 23:23).

팔복은 도입까지 포함해 열두 절밖에 안 되는 짧은 본문이지만, 히브리서의 경우처럼 그 안에 욕망, 경계, 환대, 대화, 평화라는 주제가 모두 녹아들어 있습니다. 그리고 이런 신앙의 자리와 방향을 지닌 예수님의 제자들은 견고하면서도 겸손한 신앙과 평화와 정의의 세계관을 지닌 사람입니다. 이렇게 히브리서와 더불어 팔복 읽기에서도, 제가 제안했던 한국 기독교 상황이 요청하는 기독교 세계관의 자리와 방향의 공명을 들을 수 있었습니다. 여기서 히브리서와 팔복이 각각 예수님의 이야기와 가르침이라는 사실은 제게 무척 중요했습니다. 기독교 세계관은 무엇보다 예수님의 세계관―예수님에 대한 세계관, 예수님을 따르는 세계관, 예수님이 가르치신 세계관, 예수님이 보여 주신 세계관, 예수님 자신이 지니신 세계관―이어야 하기 때문입니다. 그래서 기독교 세계관은 평화의 세계관입니다.

어느덧 책의 서문에서 다음 책에 대한 계획을 나누는 것이 저만의 룰이 되었습니다.『세계관적 성경읽기』에서는 다음 책에서 "기독교 세계관은 평화의 세계관이다"라는 주장을 더 상세히 풀어 보고 싶다고 말씀드렸습니다. 그런데『세계관적 성경읽기』다음에 쓰게 된 이 책이 평화의 세계관을 본격적으로 정리한 책은 아닙니다. 약간은 외전 같은 책, 아니면 징검다리 같은 책이라 할 수 있습니다. 이 책을 통해

"기독교 세계관은 평화의 세계관이다"라는 주장이 얼마나 튼튼한 성경적 바탕을 지니고 있는지 중간 점검을 하는 셈이 되었습니다. 눈 밝고 예리한 많은 독자들의 평가를 기다립니다. 평화의 세계관을 정리한 책에 이르기까지는 이처럼 몇 권의 징검다리가 필요할 것 같습니다. 특히 대화와 환대의 신학적 토대를 구약에서 찾아보는 책을 구상 중에 있습니다.

책 쓰기가 저의 생각을 정돈하고 마디마다 매듭을 짓는 일이라면, 유튜브 〈민춘살롱〉의 운영은 저의 생각을 싹틔우고 자극하고 시험하는 좋은 장이 되어 왔습니다. 딱히 어디라고 짚어 내지는 못하지만, 이 책의 구석구석에는 〈민춘살롱〉의 구독자 분들과 여러 방식으로 나누었던 이야기들이 묻어 있습니다. 특히 원고를 탈고하기 직전 가졌던 심야 라이브 방송에서 원dia님, 닻님, 총총님이 해주신 조언들은 이 서문의 맛을 더해 주었습니다.

제가 산상수훈과 팔복의 중요성을 본격적으로 인식하게 된 것은 밴쿠버기독교세계관대학원(이하 VIEW)의 세계관 및 평화학 목회학 석사 과정(M.Div. in Worldview and Peace Studies)을 만들면서부터였습니다. 캐나다 액츠신학대학원(ACTS seminaries)의 존 옥셔

(John Auxier) 교수님은 목회와 평화를 공부하는 과정에 복음서의 신학과 윤리가 꼭 필요하다고 제안해 주셨습니다. 관련 수업을 담당하시는 김도현 교수님은 산상수훈을 중심으로 이 주제에 대한 최고의 수업을 진행해 주고 계십니다. VIEW에서 연구년을 보내셨던 류동규 교수님은 김교신의 팔복을 포함한 산상수훈 연구를 제게 소개해 주셨습니다. 많은 도움과 통찰을 주셨던 분들 중에서 이 세 분께 특별한 감사를 드립니다.

이 책에 담긴 글들은 원래 2022년 9월부터 석 달간 함께꿈꾸는교회에서 했던 설교입니다(설교를 녹취해 주신 최종원 교수님과 이선화 간사님께 감사를 드립니다). 녹음한 설교를 글로 옮기면 책을 쉽게 만들 수 있을 것이라 생각했습니다. 그런데 막상 말로 한 설교를 글로 옮겨 보니 빈 구석이 꽤 많았습니다. 책으로 만들며 빈 구석들을 가능한 촘촘히 채우려 했지만, 이 책은 여전히 팔복에 대한 학문적 탐구가 아닌 저의 묵상과 실험적 적용들이 담긴 일종의 설교입니다. 구약을 공부한 사람이 신약에 대한 글을 쓰다 보니 부족함과 한계는 분명했지만, 그 부족함을 사랑으로 일하는 아마추어의 자유가 주는 통찰로 조금이나마

만회할 수 있었기를 바랍니다.

한국성서유니온선교회의 거주학자(residential scholar)로 보낸 연구년은 설교 원고를 책이 되도록 다듬을 수 있는 참으로 좋은 시간이었습니다. 더불어 매주 수요일 함께했던 경건회와 묵상 나눔의 시간, 선호 커피의 그라니따에서 화이트웨일의 플랫화이트까지 송리단길 커피들을 앞에 놓고 나누었던 성경과 삶에 대한 유쾌하고 진지했던 이야기들은 2023년을 최고의 연구년으로 만들어 주었습니다. 성서유니온선교회의 사랑과 배려, 관심과 우정에 감사합니다.

이렇게 이 책은 세 공동체 속에서 만들어졌습니다. 그리고 이 공동체들이야말로 산상수훈의 세계관을 형성하는 공동체였습니다. 특히 성서유니온선교회의 간사님들은 세상의 시각으로는 복으로 여길 수 없는 팔복을 진짜 복으로 여기고 살아가는 분들입니다. 더불어 저에게 기독교 신앙의 토대를 가르쳐 주었던 제 삶의 첫 간사님들, 그리고 제가 알아 온 여러 단체와 모임들의 간사님들도 그런 분들입니다. 하나님 사랑의 깊이와 사람 사랑의 너비를 말과 몸으로 보여 주고 가르치는 한국 기독교의 모든 간사님이야말로 팔복의 사람들입니다. 이 책이 삶으로 제게 메시지가 되어 주신 그분들에게 드리는 감사와 존경과 사랑의 작은 답장이 될 수 있으면 좋겠습니다.

여러분이 제게 복입니다.

2023년 9월

소나무언덕 송파에서

전성민

1
산상수훈의 세계관을 지닌 공동체

예수님이 그 무리들을 보시고 그 산에 올라가셨다. 예수님이 앉아 계시는데 그분의 제자들이 예수님께 나아왔다. 그러자 예수님이 입을 열어 그들을 가르치셨다. 이렇게 말씀하셨다. 마 5:1-2

산상수훈은 결코 서생의 이상론이 아닐 뿐더러, 일대 천재의 직감을 기술한 것도 아니고, 과연 땀과 피로써 실험한 인생 기록인 것에 유의할 것이다. 그러므로 산상수훈은 예수의 일종 '자서전'으로 볼 수 있다.[주1]

저는 구약을 좀 더 전문적으로 공부했습니다. 그렇지만 신약에 담긴 예수님의 산상수훈, 그중에서도 소위 "팔복"이라고 알려진 말씀을 함께 나누려 합니다. 그 이유는 이렇습니다. 저는 밴쿠버기독교세계관대학원이라는 곳에서 일하고 있습니다. 그곳에서 세계관에 대한 이야기를 많이 합니다. 그러면서 '세계관적 교회란 무엇일까?'라는 고민을 했습니다. 그러다가 약간은 동어반복적인 느낌이 있지만, 세계관적 교회란 "세계관 개념으로 정리한 기독교의 가치대로 살아가는 공동체"라는 생각을 해보았습니다. 그러자 '기독교의 가치란 무엇인가?'라는 질문을 하게 되었습니다. 제가 주목하게 된 가치는 '평화'였습니다. 그렇다면 성경을 통해 어떻게 평화를 배우고 익힐 수 있을까 생각했을 때, "복 있습니다, 평화를 일구는 사람들은! 그들이 하나님의 아들딸이라 불릴 테니까요"(마 5:9, 새한글성경)라는 말씀이 떠올랐습니다. 이처럼 팔복에 대한 관심은 평화라는 주제에서 시작했습니다.

세계관 이야기를 잠깐 해보겠습니다. 세계관의 일반적인 정의는 "한 사람이 사물들에 대해 지니는 근본적인 신념들의 포괄적인 틀"입니다.[주2] 좀 어렵습니다. 쉽게 말해, 세계관은 말 그대로 '세계를 바라보는 관점'입니다. 그리고 우리가 세계를 바라보는 관점은 다음 네 가지 질문에 대한 답을 통해 좀 더 구체적으로 드러납니다. 첫째, 우리는 누구인가? 둘째, 우리는 어디에 있는가? 셋째, 무엇이 문제인가? 넷째, 해결책은 무엇인가?[주3] 이 네 가지 질문에 대해 산상수훈이 어떻게 대답하는지 살펴보면, 그 대답들을 통해 산상수훈을 따르는 사람들이 지녀야 할 세계관을 알 수 있을 것입니다. 그리고 그 세계관은 무엇보다 예수님의 세계관일 것입니다. 특히 산상수훈을 "예수님의 자서전"으로 이해할 수 있다면 더욱 그렇습니다.^{주4}

우리는 누구인가?

산상수훈은 이렇게 시작합니다. "예수께서 무리를 보시고 산에 올라가 앉으시니 제자들이 나아온지라"(마 5:1). 산상수훈의 1차 청중은 제자들입니다. 우리가 기독교 세계관에 대해 고민하는 것도 결국 예수님을 따르는 제자들이기 때문입니다. 예수님을 따르는 제자의 삶을 사는 것이 우리가 하는 모든 일의 가장 중요한 동기입니다.

  예수님이 산에 올라가 앉으셨습니다. 산은 구약을 생각나게 합니다. 구약의 산들 중에서 대표적인 산은 호렙산이라고도 불리는 시내산입니다. 산에 오른 하나님의 백성은 율법을 받았습니다. 율법을 제대로 이해하고 적용하는 것은 은혜의 복음과 반대되는 것이 아닙니다. 구약에서도 먼저 은혜를 경험한 하나님의 백성이 그 은혜에 어울리는 삶을 살아야 했고, 율법은 그런 삶이 어떤 것인지 알려 주었습니다. 산에 오르는 사람들은 하나님의 뜻대로 살아가려는 하나님 백성입니다. 우리가 예수님의 제자들이자 하나님의 백성이라면, 우리에게도 제자답고 백성다운 삶이 요구됩니다.

우리는 어디에 있는가? 그리고 무엇이 문제인가?

두 번째 질문입니다. 산상수훈은 우리가 어디에 있다고 알려 줄까요? 우리가 있는 곳은 팔복이 말하는 사람들이 살아가는 세상입니다. 마음이 가난한 사람들이 살고 있는 세상입니다. 애통하는 사람들이 살고 있는 세상입니다. 이 세상은 의에 굶주리고 목마르게 되는 곳입니다. 긍휼히 여기는 사람이 있다는 말은 긍휼이 필요한 아픈 세상이라는 의미입니다. 이 세상은 의를 위해 살아갈 때 박해를 받는 곳입니다. 한마디로 우리는 만만치 않은 곳에 살고 있습니다. 그런데 팔복은 우리가 있는 곳에 역설이 있다고 알려 줍니다. 쉽지 않은 현실이지만, 그 쉽지 않은 삶을 사는 사람들이 복되다고 말합니다. 이것은 예수님의 십자가와 부활이 만들어 낸 하나님 나라의 현실입니다.[주5] 보통의 눈으로 보면 결코 행복할 리가 없는데, 그런 사람들이 행복하다고 선언할 수 있는 곳이 우리가 사는 곳입니다. 가난하고 애통하는 삶의 현실과 예수님의 십자가와 부활이 이루어 낸 하나님 나라의 현실, 이 이중적인 맥락에서 느끼는 긴장과 괴리가 우리가 제자로 살아가는 장소의 특징입니다.

이 두 가지 현실 사이의 괴리와 긴장이 '무엇이 문제인가?'라는 세 번째 질문에 한 가지 답을 줍니다. 우리가 두 가지 현실에 끼어서 살고 있는 것이 문제입니다. 십자가와 부활이 우리에게 하나님 나라의 현실을 알려 주지만, 동시에 가난하고 슬프고 긍휼이 필요한 것도 우리의 현실이라는 게 풀어야 할 문제입니다. 한마디로 하나님 나라의 진정한 복을 복으로 여기지 못하는 것이 문제입니다.

해결책은 무엇인가?

문제의 해결책은 무엇일까요? 십자가와 부활이 만

들어 낸 하나님 나라의 현실을 진짜 현실이라고 붙잡지 못하는 문제를 해결하는 길은 팔복이 말하는 복을 진정한 복으로 여기는 시각을 지니는 것입니다. 이 말 자체는 사실 동어반복입니다. 팔복이 말하는 복을 진정한 복으로 여길 수 있는 길을 마저 이야기해야만 의미가 있습니다. 마음이 가난한 사람이 진짜 복이 있고, 애통하는 사람이 진짜 행복한 사람이며, 긍휼히 여기는 사람이 진정으로 복된 사람이라는 시각을 어떻게 지닐 수 있을까요? 그 시각은, 팔복의 관점으로 대표되는, 하나님 나라의 관점을 형성하는 공동체 속에서 형성됩니다. 팔복의 관점을 지닌 또 다른 사람을 만날 때, 그리고 그 사람들이 진정 복되게 살아가는 모습을 확인하고 그들을 삶의 본으로 삼을 때, 나와 우리도 팔복의 관점과 삶을 머리뿐 아니라 마음과 몸에 익힐 수 있습니다. 이제 이어지는 산상수훈의 나머지 부분을 통해 팔복의 관점을 형성하는 공동체가 어떻게 만들어질 수 있는지 살펴보려 합니다.

팔복의 관점을 형성하는 공동체

성경을 다시 읽는 공동체. 세상 현실과 하나님 나라 현실의 괴리와 긴장을 극복하는, 팔복의 관점을 형성하는 공동체는 무엇보다 성경을 다시 읽는 공동체입니다. 산상수훈의 서론 역할을 하는 팔복 이후의 본문은 크게 여섯 개의 대조(5장), 세 가지 근본적인 경건(구제, 기도, 금식)에 대한 논의(6:1-18), 그리고 종말의 심판과 관련된 본문들(6:19-7장)로 이루어져 있습니다.주6

이 중 첫 번째 부분에는 살인, 간음, 이혼, 맹세, 동해보복, 원수 사랑에 관한 말씀이 나오는데, 모두 "너희가 들었으나 나는 너희에게 이르노니"라는 표현을 통해 구약의 율법과 자신의 가르침을 대조하시는 예수님의 말씀으로 시작합니다. 살인과 간음은 십계명의 주제이기도 합니다. 그야말로 돌에 새겼던 절대적인 말씀인데도 예수님은 그 말씀을 다시 읽으십니다. 물론 그 말씀들을 무효로 만드시는 것이 아니라, 말씀의 목적과 기능을 완성하는 온전한 뜻을 다시 설명하신 것입니다.주7

여러분은 이미 성경을 많이 읽으셨을 것입니다. 그

런데 성경을 읽을수록 나의 생각이 변화되는 게 아니라 오히려 성경을 통해 나의 생각이 강화된다면, 그래서 더욱 고집스러워진다면, 그것은 무척 안타깝고 아쉽고 바람직하지 않은 일입니다. 성경을 다시 읽는 것은 성경을 읽으며 내 고집을 버리는 일입니다. 내가 옳다고 믿었던 것을("너희가 들었으나") 예수님의 새로운 설명 앞에("나는 너희에게 이르노니") 내려놓을 수 있어야 합니다. 그러기 위해서는 두 가지가 필요합니다. 바로 겸손과 안전입니다. 나는 겸손한 사람이 되어야 하고 우리는 안전한 공간을 만들어야 합니다. 먼저 나는 말씀을 안다고 생각하지만 사실은 잘못 알 수 있다고 인정하는 겸손한 사람이 되어야 합니다. 그리고 우리는 성경에 대한 새로운 이해를 비난받지 않고 편하게 나눌 수 있는 안전한 곳을 만들어야 합니다.

유튜브 〈다마스커스tv〉라는 채널에서 신앙 상담을 하며 다루었던 질문과 대답들을 모아 『교회 구석에서 묻는 질문들』(복있는사람)이라는 책이 출판되었습니다.[주8] 저는 "교회 구석에서 묻는 질문들"이라는 제목이 슬펐습니다. 왜 질문을 교회 구석에서 해야 할까요? 질문을 구석에 숨어서 하지 않으면 정죄받기 때문입니다. 구석에 숨어서 했던 질문들이 광장에 드러나면 사람들이 이상한 눈빛으로 쳐다볼 것이 쉽게 예상됩니다. 그래서 질문을 한다면 구석에서 할 수밖에 없습니다. 그러나 팔복의 세계관을 형성하는 공동체는 겸손한 사람들이 성경을 다시 새롭게 읽고 나눌 수 있는 안전한 공동체입니다. 여러분의 공동체가 구석이 아닌 광장에서 함께 이야기를 나눌 수 있는 안전한 공동체이기를 바랍니다. 어떠한 질문이나 생각도 두려움 없이 나눌 수 있는 공간, 이런 공간을 만들 수 있으면 좋겠습니다.

산상수훈 외에도 우리가 그 의미를 알고 있다고 생각하던 본문을 다시 돌아보도록 도전하는 말씀들이 있습니다. 마태복음 12장에서 제자들은 밀밭 사이로 지나갈 때 배가 고팠습니다. 그래서 이삭을 잘라 먹었습니다. 그런데 이 모습을 본 바리새인들은 그들이 안식일에 대한 성경의 법을 어겼다고 비난했습니다. 이 때 예수님은 다윗의 이야기를 통해 제자들을 옹호하시고 바리새인들을 향해 이렇게 말씀하십니다. "나는 자비를 원하고 제사를 원하지 아니하노라 하신 뜻을 너희가 알았더라면 무죄한 자를 정죄하지 아니하였으리라"(마 12:7). 예수님이 인용하신 말씀은 호세아 6:6입니다. 바리새인들이 이 말씀을 몰랐을까요? 분명히 알았을 것입니다. 그럼에도 예수님은 그들이 그 말씀의 뜻을 모른다고 지적하십니다. 그래서 그들이 죄 없는 사람을 정죄했다고 말씀하십니다. 그들은 알고 있다고 생각하는 말씀을 다시 배워야 했습니다. 성경을 잘 안다는 사람들이었지만 성경을 다시 읽어야 했습니다.

베드로도 비슷한 경험을 합니다. 사도행전 10장에서 베드로가 성령의 말씀을 따라 이방인 고넬료의 집에 갔을 때, 그 집에는 고넬료의 친척과 친구들이 함께 있었습니다. 그들도 모두 이방인으로, 유대인이 절대 어울려서는 안 되는 사람들이었습니다. 그래서 베드로가 이렇게 말합니다. "유대인으로서 이방인과 교제하며 가까이 하는 것이 위법인 줄을 너희도 알거니와"(행 10:28). 베드로가 이방인 고넬료와 그의 친척과 친구를 만나는 것은 자신이 지금까지 알아 왔던 성경의 상식, 품어 왔던 성경의 세계관, 지켜 왔던 신앙의 원칙을 깨는 것입니다. 그러나 베드로는 기존의 성경 이해를 내려놓고 하나님이 다시 보여주신 말씀에 반응했습니다.

한 번 성경을 알았다고 해서 끝이 아닙니다. 뜻을

더 잘 알아 가야 하고, 새로운 상황에서 주어지는 새로운 의미에 마음을 열어야 합니다. 그리고 그렇게 다시 읽은 성경을 두려움 없이 나눌 수 있는 안전한 공동체가 필요합니다. 그렇다면 그런 안전한 공동체는 어떻게 만들 수 있을까요? 이에 대해서는 산상수훈의 두 번째 단락을 통해 생각해 보겠습니다.

믿어 주는 공동체. 여섯 개의 대조 구문 다음에 구제와 기도와 금식에 관한 예수님의 말씀이 이어집니다. 예수님은 이 세 가지 행위를 모두 은밀히 하라고 하십니다(6:4, 6, 18). 다른 사람들 몰래 하라―구제할 때 몰래 하고, 기도할 때 몰래 하고, 금식할 때 몰래 하라. 구제나 기도나 금식은 당시 굉장히 중요한 신앙 행위였습니다. 그런데 그것들을 다른 사람들이 모르게 하라고 말씀하십니다. 누군가에게 보이기 위해 하는 것은 외식이고 위선이기 때문입니다.

여기서 잠깐 생각해 봅니다. 누군가가 구제를 합니다. 아무도 모르게 은밀히 합니다. 다른 사람들 눈에 이 사람은 어떻게 보일까요? 구제를 안 하는 사람처럼 보일 것입니다. 기도를 몰래 합니다. 금식을 몰래 합니다. 어떻게 보일까요? 기도 안 하는 사람, 금식 안 하는 사람으로 보일 것입니다. 경건생활에서 매우 중요한 구제, 기도, 금식을 하지 않는 사람으로 여겨진다면, 이런 사람은 한마디로 신앙이 없는 사람으로 보이기 쉽습니다. 이것은 매우 역설적입니다. 예수님의 말씀을 잘 따를수록 신앙이 없어 보이는 역설입니다.

누군가 성경을 읽으면서 떠오르는 질문과 생각을 말할 때, 그것을 듣다 보면 그 사람이 신앙이 있는지 궁금해지기도 합니다. 구제, 기도, 금식 같은 헌신된 모습이 잘 보이지 않습니다. 그러다 보니 '이 사람이 기도는 하면서 저런 말을 하는 걸까?' 의심하게 됩니다. 그리고 이런 마음이 조금씩 커지다 보면 결국 정죄하게 됩니다. '저런 생각과 질문을 하는 것은 기본적인 신앙생활을 하지 않기 때문이야.' 이처럼, 질문하는 사람을 향한 의심의 싹이 트고 정죄의 열매가 맺히는 곳은 더 이상 안전한 공동체가 아닙니다.

제가 유튜브에 영상을 올리면 댓글들이 달립니다. 특히 서로의 생각을 나누며 토론해야 할 주제의 영상을 올리면 소위 '악플'들이 올라옵니다. "성경은 믿으시나요?" "예수님은 사랑하시나요?" 제가 받았던 센 악플 중에는 "이단보다 거짓 선지자가 더 나쁩니다"도 있었습니다. 서로 다른 생각을 가질 수 있는 주제인데 자신의 생각과 다르면 잘못된 가르침을 전하는 거짓 선지자라고 정죄하는 것입니다. 나와 생각이 다르고 낯선 질문을 던지더라도 우리는 그 사람의 신앙을 믿어 주어야 합니다. 이것이 "외식하지 말라"는 말씀에 대한 저의 적용입니다. 예수님 시대에 구제, 기도, 금식이 헌신된 신앙의 표지였던 것처럼, 우리 시대에도 헌신된 신앙의 모습이라고 여겨지는 행동들이 있습니다. 하지만 어떤 그리스도인들에게 그런 모습이 보이지 않는다고 해서 그들이 헌신된 그리스도인이 아니라고 단정 지어서는 안 됩니다. 설령 나와 생각이 다르고, 낯선 질문을 하고, 성경을 다르게 읽더라도 말입니다. 그들도 내가 하나님과 이웃을 사랑하는 만큼 하나님을 사랑하는 사람이라는 것을 믿어야 합니다. 빌립보서의 말씀을 따르자면, 심지어 나보다 낫게 여겨야 합니다(빌 2:3).

신앙을 가진 지 얼마 되지 않은 사람이라면 성경 지식이 적을 수 있습니다. 그래서 성경을 잘 안다고 생각하는 사람들이 보기에 엉뚱한 질문을 할 수 있습니다. 사람마다 성경 지식의 양에는 차이가 있습니다. 그러나 그 차이는 기독교 신앙에서 가장 중요한 하나님과 이웃을 사랑하는 것과 크게 관련이 없습니다. 오히려 예수님을 갓 믿은 사람이 오래 신앙생활을 한 사람보다 예수님을 훨씬 많이 깊이 사랑할 수 있습니다. 당장 동의하지 못하는 생각이나 질문이어도, 우리가 나누는 질문과 생각이 하나님과 이웃을 더 사랑하고 싶어서 하는 것이라는 사실을 서로 믿어 주어야 합니다. 이 믿음이 안전한 공동체를 만듭니다.

종말을 바라보며 평화를 일구는 공동체. 팔복의 관점을 형성하는 공동체는 종말을 바라보며 살아가는 공동체입니다. 그리고 종말을 바라보는 삶은 샬롬, 즉 하나님 나라의 평화를 만들고 경험하는 것입니다. 산상수훈의 마지막 단락을 이루는 본문(7장)은 종말을 바라보는 삶이 어때야 하는지 말합니다. 비판을 받지 아니하려거든 비판하지 말라(1-6절), 남에게 대접받고자 하는 대로 남을 대접하라(7-12절), 좁은 문으로 들어가라(13-14절), 열매로 그들을 알 것이다(15-20절), 그리고 말씀을 듣고 행하는 것의 중요성을 마지막으로 강조합니다(21-27절). 예수님을 "주여 주여" 하고 부른다고 마지막에 다 하늘나라에 들어가는 것이 아닙니다. 오직 하나님의 뜻대로 행하는 사람만이 하늘나라에 들어갑니다.

결국 우리는 산상수훈의 맨 마지막에 이르러 하늘에 계신 아버지의 뜻대로 행하는 사람은 어떤 사람일까라는 질문에 부딪칩니다. 우선 예수님을 "주여 주여" 하고 부르지만 하늘나라에 들어가지 못하는 사람은 어떤 사람일까요? 사람들의 눈에 신앙이 좋아 보이는 사람, 독실한 정통 신앙인, 전문 종교인이라 말할 수 있습니다. 그러나 산상수훈의 마지막은 말이 아니라 행동이 결정적이라고 도전합니다. 정통 신앙을 말하는 사람이 아니라 아버지의 뜻대로 행하는 사람이 하늘나라에 들어갑니다(약 2:18-20 참조). 어떤 사람일까요? 다시 산상수훈의 맨 처음에 나오는 팔복으로 돌아가 봅니다. 심령이 가난한 사람, 애통하는 사람, 온유한 사람, 의에 주리고 목마른 사람, 긍휼히 여기는 사람, 마음이 청결한 사람, 화평하게 하는 사람, 의를 위하여 박해를 받는 사람입니다. 하나님의 뜻대로 행하며 살면 이런 사람이 됩니다. 그래서 첫 복과 마지막 복이 '천국이 그들의 것이다'입니다.

팔복을 누리는 사람은 종말을 바라보는 사람입니다. 첫 번째와 마지막을 제외하고 모든 복의 이유는 미래 시제로 표현됩니다(인용은 새한글성경). 팔복의 관점은 종말의 약속을 현실로 받아들이며 형성됩니다.

> 복 있습니다, 영이 가난한 사람들은! 하늘나라가 그들의 것이니까요(현재 시제)
>
> 복 있습니다, 슬퍼하는 사람들은! 그들이 위로를 받을 테니까요(미래 시제)
>
> 복 있습니다, 온유한 사람들은! 그들이 땅을 물려받을 테니까요(미래 시제)
>
> 복 있습니다, 정의에 굶주리고 목마른 사람들은! 그들이 배부르게 될 테니까요(미래 시제)
>
> 복 있습니다, 불쌍히 여기는 사람들은! 그들이 불쌍히 여김을 받을 테니까요(미래 시제)
>
> 복 있습니다, 마음이 깨끗한 사람들은! 그들이 하나님을 뵙게 될 테니까요(미래 시제)
>
> 복 있습니다, 평화를 일구는 사람들은! 그들이 하나님의 아들딸이라 불릴 테니까요(미래 시제)
>
> 복 있습니다, 정의 때문에 박해를 받아 온 사람들은! 하늘나라가 그들의 것이니까요(현재 시제)

미래 시제로 이유가 설명되는 복 중에서 맨 처음

나오는 슬퍼하는 사람의 복에 대해 생각해 봅니다. 슬퍼하는 사람이 복 있는 이유는 위로를 받을 것이기 때문입니다. 그런데 이 사람은 자신이 혼자 위로받는 데 만족하지 않을 것입니다. 다른 슬퍼하는 사람도 위로받을 수 있기를 바랄 것입니다. 미래 시제로 이유가 설명되는 마지막 복은 평화를 일구는 사람의 복입니다. 하나님과의 관계, 사람 사이의 관계, 그리고 온 세상과 창조세계에 평화가 필요합니다. 팔복의 주제들은 개인을 넘어 온 세상을 품습니다. 팔복이 마무리되면 산상수훈은 "너희는 세상의 소금이니…너희는 세상의 빛이라"라는 말씀으로 이어집니다.주9 그리스도인의 삶은 세상 속에서 의미가 있습니다. 나만 위로받는 것이 아니라 슬퍼하는 사람 모두가 위로받는 세상이 되는 것, 모두가 배부른 세상이 되는 것, 모두가 불쌍히 여김을 받고, 모두가 평화를 누리는 세상을 추구하는 것, 이것이 하나님의 뜻을 행하는 사람이 바라는 바입니다. 자신이 팔복의 사람이 될 뿐 아니라 그 복을 세상이 함께 누리기를 바라고 또 누리게 하는 사람, 그 사람이 아버지의 뜻대로 행하는 사람입니다.

그리스도인과 세상의 관계는 5장 마지막 부분에서

다시 언급됩니다. 특히 제자들이 세상 속에서 다른 사람들과 어떻게 관계 맺고 살아야 하는지에 대해 이렇게 말합니다. "그러므로 하늘에 계신 너희 아버지의 온전하심과 같이 너희도 온전하라"(5:48). 여기서 말하는 온전함은 구체적으로 어떤 모습일까요? 우선 예수님은 원수를 사랑하고 그들을 위해 기도할 때 우리가 하늘에 계신 아버지의 자녀가 된다고 말씀하십니다(5:44-45). 그런데 하나님의 자녀라는 개념은 평화를 일구는 사람들의 복을 말할 때 나왔습니다. "복 있습니다, 평화를 일구는 사람들은! 그들이 하나님의 아들딸이라 불릴 테니까요"(새한글성경). 결국 원수를 사랑하는 삶은 하나님의 자녀가 살아야 할 평화의 삶입니다. 그리고 그 삶은 하나님의 온전함을 닮은 삶입니다. 악인이나 선인이나, 옳은 사람이나 옳지 못한 사람이나, 동일하게 햇빛과 비를 주시는 것이 하나님의 온전함입니다(5:45). 예수님의 제자들은 다른 사람이 나와 다르다고 해서 다투고 대결하지 않습니다. 그들은 악인과 선인에게 똑같이 햇빛과 비를 주시는 하나님의 온전하심을 닮아 편을 가르고 혐오하는 이 세상에서 하나님의 평화와 온전함을 추구합니다. 팔복의 관점을 형성하는 공동체는 이렇게 원수 사랑의 세계관, 산상수훈의 세계관, 평화의 세계관을 함께 익히는 사람들의 공동체입니다.

우리는 하나님의 백성, 예수님의 제자들입니다. 제자로 살아가는 삶의 어려움은 십자가와 부활이 열어 놓은 하나님 나라의 현실과 우리가 살아가는 세상의 현실이 동떨어져 긴장을 일으킨다는 것입니다. 팔복은 이 긴장을 잘 드러냅니다. 팔복은 가난하고 슬퍼하는 사람, 온유하고 불쌍히 여기는 사람, 정의에 목마르고 정의 때문에 박해를 받는 사람, 마음이 깨끗하고 평화를 일구는 사람이 복되다고 말합니다. 그러나 현실에서 이런 사람은 복되기는커녕 실패한 사람으로까지 여겨집니다. 그러다 보니 그리스도인도 팔복의 삶을 복된 삶으로 흔쾌히 받아들이지 못합니다. 이 문제를 어떻게 극복하고 팔복의 관점을 우리 몸과 마음에 익힐 수 있을까요? 팔복의 관점을 형성하는 산상수훈의 세계관을 지닌 공동체가 필요합니다.

팔복의 관점은 성경으로 자기 생각을 강화하는 공동체가 아니라 늘 겸손히 성경을 다시 새롭게 읽는 공동체에서 형성됩니다. 또한 누가 어떤 이야기를 하든지, 하나님과 이웃, 하나님의 온 창조세계를 더 사랑하려는 마음에서 나온 이야기라고 믿어 주는 안전한 공동체에서 형성됩니다. 종말을 바라보며 평화를 만들고 경험하는 공동체 속에서 세상과 다른 복의 기준이 담긴 팔복의 관점이 형성됩니다. 이런 공동체 속에서 형성된 팔복의 관점과 산상수훈의 세계관으로 세상에 참 생명과 평화를 만드는 복된 우리가 되기를 소원합니다.

2
종교적 우생학에 대한 반란

복 있습니다, 영이 가난한 사람들은! 하늘나라가 그들의 것이니까요. 마 5:3

심령이 가난하다 함은…학식으로나 제반 덕행으로나 내심에 자긍할 아무것도 인식한 것이 없는 자가 제일 심한 빈자이다.주1

이제부터 팔복을 한 절씩 살펴보려 합니다. 모든 구절이 그렇지만, 특히 마태복음 5:3에는 면밀히 살펴야 할 주제가 많습니다. 우선 팔복은 무엇보다 '복'에 관한 말씀인데, 기독교 신앙에서 복은 뜨거운 감자입니다. 더욱이 팔복의 첫 복은 가난과 하늘나라(천국)를 주제로 하는데, 이 또한 만만치 않습니다. 그리고 개역개정에서 "심령"이라고 번역된 그리스어 '프뉴마'는 그 자체로 다면적인 의미를 지니고 있을 뿐 아니라 '심령이 가난하다'는 표현의 의미에 대해서도 다양한 설명이 있습니다.주2 그러다 보니 다양한 번역을 만나게 됩니다. 개역개정에서 "심령"으로 번역한

'프뉴마'를 새번역과 공동번역개정은 "마음"이라고 번역했습니다. 새번역에는 "마음이"에 난외주를 달아 "그리스어로 '심령이'"라고 설명했습니다. 하지만 여전히 "심령"이 '프뉴마'의 가장 적절한 한국어 번역인지에는 질문의 여지가 많습니다. 최근에 나온 새한글성경은 개역개정과 비슷하게 "영"이라고 번역했습니다. 이런 번역들의 차이를 염두에 두고 마태복음 5:3의 중요한 주제들—복, 영적 가난, 하늘나라—을 살펴보겠습니다.

복 받기 vs. 복됨

창세기 1:22, 28은 한글 성경에서 '복'이라는 단어가 가장 먼저 쓰인 구절들입니다. 이 구절들에는 '복을 주다'라는 동사가 쓰였습니다("하나님이 그들에게 복을 주시며"). 이 구절 외에 구약에서 복과 관련해 가장 유명한 구절 중 하나는 "복 있는 사람"을 노래하는 시편 1:1일 것입니다. 그런데 창세기 1장과 시편 1편에 '복'이라고 번역된 단어들은 다른 히브리어입니다. 창세기 1:22, 28의 "복을 주시며"는 히브리어 '바라크'(brk의 작위형)의 번역이고, 시편 1:1에 나오는 "복되어라"(공동번역개정)는 '아슈레이'의 번역입니다. 어떤 차이가 있을까요? '바라크'는 주어의 능동적 행위를 표현합니다. 이와 달리, '아슈레이'는 번영하고 평화롭고 온전한 샬롬의 상태를 표현합니다.주3

요컨대 '바라크'는 "타인에게 친절을 베풀거나 호의를 베풀거나 은혜를 끼치는…개념"에서 '복을 준다'는 의미인 반면에, '아슈레이'는 "복을 주거나 시작하는 사람이 아니라 다른 사람에 의해 행복, 특권, 또는 행운이 누군가에게 주어진 상태를 나타내는 감탄의 묘사"로 "행복의 상태를 강조"합니다.주4 또 이것은 다른 사람의 좋고 행복한 상태에 대한 진실한 축하와 인정을 표현하는 단어입니다.주5 팔복에서 '복되다'로 번역되는 그리스어 '마카리오스'는 복된 상태에 대해 감탄을 던지는 단어인 히브리어 '아슈레이'의 의미를 그대로 담고 있습니다.

> 마카리오스는…내적 행복과 만족, 진정으로 좋은 삶의 상태 또는 인간의 번영을 의미한다. 이는 히브리 성경의 '아슈레'의 사용법과 정확히 일치한다. 헬라어로 된 제2성전 유대 문헌에서(칠십인역을 포함하여) 마카리오스는 분명히

인간의 번영 혹은 세상에서의 충만한 삶을 가리킨다.[주6]

물론 '바라크'와 '아슈레이'가 완전히 다른 의미라고 할 수는 없습니다. '아슈레이'가 묘사하는 복된 상태가 되려면 하나님이 복을 주셔야 하니까요.[주7] 그러나 이 구별은 팔복을 적용하는 데 중요한 차이를 만듭니다. 만일 "하나님이 마음이 가난한 자에게 복을 주십니다"라는 식으로 팔복을 하나님의 행동에 대한 말씀으로 이해하면(CEV 참조), 하나님이 주시는 복을 받기 위해 내가 어떤 것을 해야 한다는 식으로 적용하기 쉽습니다. 예를 들어 5:3을 '천국을 소유하는 복을 받기 위해서는 심령이 가난해져야 한다'는 식으로 적용하게 됩니다. 하지만 "복됩니다!"라고 외치는 것은 어떤 특정한 행동이 아니라 사고방식의 변화를 요청하는 말씀입니다. '이렇게 하라!'보다 '이렇게 이해하라!', '이렇게 생각하라!', '이것을 인정하라!'는 함의를 지닌 선언입니다. 다시 말해, 심령이 가난한 사람이 되어 하나님의 복을 받으라고 행동을 촉구하는 것이 아니라, "심령이 가난한 사람이 복된 사람이다"라는 선언을 받아들이라고, 사고방식과 세계관의 변화를 촉구하는 말씀입니다. 물론 세계관의 변화는 존재의 변화를 가져올 것입니다. 나에 대해서는 나의 존재가 복된 상태의 심령이 가난한 사람이 되기를 바라고, 다른 사람에 대해서는 심령이 가난한 사람들이 복되다고 인정하는 것이 이 말씀의 적절한 적용일 것입니다. 그리고 그러한 세계관과 존재의 변화에는 한두 번의 행동이 아니라 긴 과정이 필요합니다.

영적 가난, 영적 파산

이제 개역개정이 "심령이 가난한 사람"이라고 번역한 표현을 살펴보겠습니다. 우선 이 표현을 어떻게 해석하든지 현실의 물질적 가난을 마냥 미화하지 않도록 조심해야 합니다. 이 본문을 가지고 가난을 미화한다면 그것은 가난해 보지 않은 사람의 순진함일 수 있습니다. 특히 "심령"이라는 단어가 없는 누가복음 6:20("너희 가난한 자는 복이 있나니 하나님의 나라가 너희 것임이요")을 연관시킬 때는 더욱 조심해야 합니다.

누가복음 6장과 달리 마태복음 5장에서는 '가난'이 '심령'(그리스어 '프뉴마')과 관련되어 있습니다. '가난'

과 '심령'으로 번역된 단어들 각각의 의미와 두 단어의 관련 방식에 대한 이해에 따라 '심령이 가난하다'라는 표현의 의미가 다양하게 해석됩니다. 우선 '심령이 가난하다'를 '겸손하다'로 이해하는 것이 대중적입니다.[주8] 또는 "하나님 앞에서 상한 심령을 가지고 있어 하나님이 필요하다고 인식한다" 정도로 이해하기도 합니다.[주9] 그래서 현대영어번역(CEV)은 "하나님은 하나님만 의지하는 사람에게 복을 주신다"라고 번역했습니다.[주10] 이 경우, '심령이 가난하다'의 반대는 '스스로 의롭다고 여기다' 또는 '자신을 의지하고 자신감을 가지다' 정도가 됩니다.[주11] 그리고 그렇게 자신감을 가지고 자신을 의지하는 것을 장려하는 현대 사회의 분위기는 마태복음 5:3의 정신과 반대된다고 설명하기도 합니다.[주12] 이렇게 이해하면 심령이 가난한 것은 그리스도인이 추구해야 되는 매우 바람직하고 이상적인 성품입니다.[주13] 가난이라는 표현이 시나 노래 가사에 등장할 때, 괜스레 낭만적인 느낌을 주는 경우도 종종 있습니다. 예를 들어 '가난한 청춘' 같은 표현이 그렇습니다. '가난한 심령'도 비슷합니다. 요컨대 가난이 심령과 연결되어 있기 때문에 가난을 겸손처럼 뭔가 경건하고 긍정적인 덕목으로 이해하려는 경향이 생깁니다.

하지만 가난은 분명히 가난으로 이해하는 것이 중요합니다. 가난과 비슷한 말을 생각해 봅니다. 빈궁하다, 핍절하다, 파산하다 같은 표현들은 낭만적이거나 긍정적인 느낌을 주지 않습니다. 도리어 팍팍하고 절망적인 현실이 생생하게 느껴집니다. 이제 이런 표현들에 '영적' 또는 '영혼'이라는 단어를 연결해 봅니다. 영적으로 빈궁하다, 영혼이 핍절하다, 영적으로 파산하다. 『메시지』는 이 상태를 "벼랑 끝에 서 있다"로 번역했습니다. 『메시지』 영어판은 "동아줄에 매달려 있다"(you're at the end of rope)라고 되어 있습니다. 영적으로 벼랑 끝에 서 있습니다. 신앙적으로 동아줄에 대롱대롱 매달려 있습니다. 낯설지만 이것이 5:3이 담고 있는 의미입니다.

'심령이 가난한 자'를 '겸손한 사람' 정도로 이해할 때는 나도 그렇게 되어 하나님이 약속하신 복을 받아보고 싶다는 생각이 듭니다. 그러나 만일 5:3이 영혼이 핍절한 사람, 영적으로 파산한 사람, 좀 더 노골적으로 영적인 거지를 말한다면, 우리는 그렇게 되고 싶을까요? 영적인 의미에서의 거지가 아니라 진짜 영적 거지, 즉 영적으로 아무것도 없이 파산한 사람을 진정 복되다고 생각할 수 있을까요? 밥 에크블라드 교수님은 『소외된 자들과 함께 성경읽기』에서 자신이 저주받았다고 여기는 사람들을 이렇게 묘사합니다.

> 내가 생각하는 '아웃사이더'란 자신들은 언제까지나 가난과 배척 속에 살 수밖에 없으며 이런 상황은 절대로 바뀔 수 없다고 생각하는 사람들이다. 다시 말해 자신들은 '저주받은' 인생이거나 이 책에서 자주 언급하듯이 '더럽게 꼬인' 인생이라고 생각하는 사람들이다.[주14]

이 글의 묘사를 빌려 다시 5:3을 풀어 보면, '영적으로 더럽게 꼬인 사람들은 복이 있나니 천국이 그들의 것입니다'라는 선언이 됩니다. 우리가 이 선언을 인정하고 받아들일 수 있을까요? 무엇보다 행복에 대한 이런 개념은 당시 그리스 사람들의 생각과 완전히 대조됩니다. 그리스 사람들은 어떤 사람이 덕이 있고 그 덕 때문에 번영하는 행복한 사람이 된다면, 그 사람은 사회의 영웅 같은 사람일 거라 여겼습니다. 덕스러운 사람이라면 삶이 번영할 것이고 사회의 영웅 같은 존재가 된다는 것입니다.[주15]

그런데 팔복은 영웅이 아니라 영적으로 가진 것이 없고 신앙적으로 할 수 있는 것이 전혀 없는 영적 파산 상태의 사람들이 복된 사람, 번영하는 사람이라고 선언합니다.[주16] 대체 어떻게 그럴 수 있을까요? 그것은 진짜 번영이 하나님 나라를 소유하는 데 있으며 하나님 나라를 소유하는 것은 어떤 사람의 능력과—심지어 그 사람의 영적, 신앙적 능력과도—전혀 관계가 없기 때문입니다. 행복은 성적순이 아닐뿐더러 영적순(영적능력순)도 아니기 때문입니다. 이것이 오로지 선물로 주어지는 뒤집힌 하늘나라의 신비입니다.

뒤집힌 하늘나라의 신비 - 종교적 우생학에 대한 반란

천국, 하늘나라, 하나님 나라는 아무것도 없는 사람들의 것입니다. 영적으로도 신앙적으로도 아무것도 없는 사람들의 것입니다. 그렇기 때문에 다른 사람과 비교했을 때 내가 신앙적으로 가진 것이 없거나 부족해도 낙심하지 않아도 됩니다. 팔복의 배경이 되는 구약 본문인 이사야 61:1의 표현을 빌리면,

하나님 나라는 가난한 사람, 마음이 상한 사람, 포로 된 사람, 갇힌 사람들의 것입니다. "아, 하나님의 은혜로 이 쓸데없는 자 왜 구속하여 주는지 난 알 수 없도다"라는 찬송가 가사가 있습니다. 하나님은 영적 자원이 전혀 없는 "쓸데없는 자"를 은혜로 구원하십니다. 그런 사람들에게 하나님 나라를 선물로 주십니다. "쓸모없는 사람, 쓸모없이 되어 버린 상태에 있는 사람들이 복되다고 선언하셨습니다."[주17] 그런데 어느덧 교회도 신앙적으로 뭔가 있는 사람들, 영적으로 부유한 사람들에게만 어울리는 곳이 되었습니다. 교회가 종교적 우생학의 온상이 되었습니다. 그러나 영적으로 파산한 사람들, 하나님 나라에 아무것도 기여할 수 없는 사람들에게 천국이 주어진다는 팔복의 선언은 종교적 우생학에 대한 반란입니다.

20세기 초반, 우생학(eugenics)이란 것이 등장했습니다. 이것은 인간의 유전형질을 개선해 범죄 없고, 평화롭고, 건강한 사회를 만들려는 시도였습니다. 더 나은 사회를 만들고 인간이 더 번영하고 더 행복하기 위해 과학을 도구 삼아 이상하고 별난 사람들을 제거하는 것을 정당화했었습니다. 그러나 사회가 임의로 특정한 사람들의 확산과 억제를 결정한다는 점에서 우생학은 부도덕하며, 국가에 의한 인권침해이자 차별의 정당화였습니다.[주18] 더 나은 삶과 사회라는 이름으로 차별을 정당화하는 우생학 앞에서 이런 질문을 던지게 됩니다. "더 나은 삶이란 무엇일까? 질병 없는 삶일까, 아니면 질병으로 차별받지 않는 삶일까? 더 나은 사회란 무엇일까? 질병 없는 건강한 사람들만 모인 사회일까, 아니면 병 때문에 차별받지 않는 사회일까?"[주19]

우생학에 대한 설명을 보면서 저는 '영적 우생학' 또는 '종교적 우생학'이라는 개념을 생각해 보았습니다. 더 경건한 교회, 더 경건한 공동체, 심지어 다양한 사람이 함께 살아가는 사회를 더 거룩한 사회로 만들겠다고, 영적으로 파탄 난 사람들, 영적으로 불순한 사람들, 영적으로 위험한 사람들, 영적으로 이상하고 별난 사람들을 제거하는 것을 종교와 신앙의 이름으로 정당화한다면, 그것은 종교적 우생학입니다. 우리는 어떤 사람이 천국을 가질 자격이 있는 사람이라고 생각할까요? 어떤 사람이 교회 공동체에 속할 자격이 있는 사람이라고 생각할까요? 그래도 영적으로 뭔가 좀 있고, 영적으로 기여할 것이 어느 정도는 있어야 교회 공동체의 일원이 될 수 있는 근본적인 자격이 생긴다고 생각하지 않을까요? 뒤집어 생각해 보면, 신앙 공동체와 사회가 좀 더 경건해지기 위해 없어지면 좋겠다고 생각하는 사람들이 있을까요? 만일 그렇다면 우리는 어느덧 종교적 우생학에 물들어 있는 것입니다. 그러나 영적으로 파산한 사람들이 복되다는 선언은 종교적 우생학에 대한 반란입니다.

물론 영적으로 가난한 사람들만 복된 것은 아닙니다. 팔복의 마지막인 10절을 보면 의를 위하여 박해를 받는 자도 천국을 소유하기에 복됩니다. 그러나 예수님은 인간의 번영과 행복과 관련해 맨 처음 영적으로 파산한 사람이 복되고 행복하다고 선언하십니다. 하늘나라는 사람을 가리지 않기 때문입니다. 마태복음의 첫 번째 설교인 산상수훈을 시작하는 복된 사람들에 대한 예수님의 선언은 이렇게 종교적 우생학에 대한 반란으로 시작합니다.

팔복은 복 받는 여덟 가지 비결이 아닙니다. 팔복은 어떤 사람이 하나님 나라의 가치관 속에서 복된 사람인지, 어떤 것이 인간 행복과 번영의 비전인지를 보여 주는 선언입니다. 그래서 팔복은 개별적인 행동보다 삶을 바라보는 시각, 세계관의 변화를 촉구합니다. 그리고 이런 행복을 아는 사람으로의 존재의 변화를 초청합니다. 팔복은 복 받는 비결이 아니라 하나님 나라를 소유하는 참된 복을 알아보라는 초대입니다.

먼저 우리는 아무것도 아닌 사람이 복된 사람이라는 역설, 심지어 영적으로도 파산한 상태가 복되다는 역설을 받아들여야 합니다. 세상의 기준으로 아무것도 없는 것을 보상받기 위해 교회 안에서 신앙적으로 뭔가를 쌓아 올려 나를 영적 부자로 높여 가는 것이 신앙적 성공이 아닙니다. 일반적인 의미이건 신앙적 의미이건, 별나고 이상한 그래서 아무것도 기여하지 못하고 오히려 우리의 번영을 축내는 것처럼 보이는 사람들을 제거하는 종교적 우생학을 통해서는 공동체와 인류의 번영을 이루지 못합니다. 모두가 함께 존재 자체의 행복을 인정하고 알아보는 것이 참된 번영의 길입니다. 하나님 나라는 인간이 가지고 있는 어떤 능력이 아니라 인간 그 존재 자체에 임하기 때문입니다.

이 사실이 우리의 세계관을 바꿀 때, 우리는 주변

에 있는 모든 사람을 존중할 수 있습니다. 겸손이라는 이름으로 포장된 또 다른 교만을 쌓는 것이 아니라 우리가 진짜로 아무것도 아니고 아무것도 없는 사람들임을 인정해야 합니다. 또한 그렇게 보이는 분들이 소유한 하나님의 나라를 알아보아야 합니다. 우리는 영적으로 파산한 사람들입니다. 하지만 복됩니다. 하나님 나라를 선물로 받았기 때문입니다. 행복합니다, 영적으로 빈궁한 사람은. 하늘나라가 그 사람 자체에 임하기 때문입니다.

3
토요일을 사는 사람들의 행복

복 있습니다, 슬퍼하는 사람들은! 그들이 위로를 받을 테니까요. 마 5:4

예수 자신도 이런 비애의 사람이었다.…가난의 곤궁을 체험한 자로서 빈의 축복을 말하고, 비탄의 곡저[*]를 통과한 자가 비애의 행복을 선언하시는 것이다.^{주1}

팔복의 구절들은 어떤 사람이 복된 사람인지 선언하고 그 사람이 복된 이유를 설명합니다. 그런데 이 선언과 이유의 연결이 어떤 경우는 꽤 자연스럽지만 어떤 경우는 좀 더 설명이 필요합니다. 예를 들어 지난 장에서 살펴본 5:3은 '심령이 가난한 자가 복되다!'라고 선언하고 이어서 '천국이 그들의 것이기 때문이다'라고 이유를 제시합니다. 그런데 여기서 이 선언과 이유가 어떻게 연결되는지 좀 더 설명해야 했습니다. 반면 이번 장에서 살펴 볼 5:4의 경우, '애

- 곡저: 골짜기의 밑바닥, 골밑

통하는 사람이 복되다!'라는 선언과 '그들이 위로를 받을 것이기 때문이다'라는 이유의 흐름은 꽤 자연스럽습니다. 슬픈 사람에게는 위로가 필요하기 때문입니다. 하지만 위로가 약속되어 있더라도 슬픈 사람이 복되다고 말하는 것은 여전히 어려운 일이며, 슬픔과 위로가 자연스러운 흐름이라 하더라도 슬픈 사람이 복되다고 말하는 것은 여전히 세상의 사고방식을 거스릅니다. 요컨대 팔복은 세상의 어그러진 것들을 바로 잡는 종말적 전망 속에서 참된 번영이 무엇인지 다시 정의합니다.[주2]

이 장의 제목은 "토요일을 사는 사람들의 행복"입니다. 애통하는 사람을 "토요일을 사는 사람"이라고 표현했습니다. 토요일과 애통은 어떤 관계가 있을까요? 이 질문에 대한 답을 3절과 4절의 차이를 살피며 시작해 봅니다. 3절에서 복된 이유를 말하는 구절인 '왜냐하면 천국이 그들의 것이기 때문이다'의 시제는 현재였습니다. 지금 천국이 그들의 것입니다. 그런데 4-9절의 두 번째 복에서 일곱 번째 복까지는 복된 이유가 모두 미래의 약속으로 제시됩니다. 4절의 예를 들자면 '그들이 위로를 받을 것이기 때문이다'입니다. 가운데 여섯 개의 복됨의 이유가 미래의 약속으로 제시된 다음, 맨 마지막 여덟 번째 복됨의 이유를 다시 '천국이 그들의 것이다'라는 현재 시제로 이야기합니다. 첫 번째와 마지막 복됨의 이유는 시제뿐 아니라 내용까지 똑같습니다. 팔복은 '천국이 저희 것이다'라는 설명으로 시작하고 마칩니다.

복됨에 대한 첫 번째와 마지막 설명이 시제와 내용이 모두 같은 짝을 이루는 반면에, 가운데 복들의 이유가 미래 시제인 것은 꽤 의도적으로 보입니다.[주3] 이런 짜임새는 미래와 현재 하나님 나라의 관계를 보여 줍니다. 두 번째에서 일곱 번째 복의 이유를 설명하는 미래시제는 팔복이 말하는 복됨을 진정한 복됨이라고 받아들이려면 마지막 때 완성될 하나님 나라의 새로운 질서를 믿어야 한다고 알려 줍니다. 그런데 첫 번째와 마지막 복의 이유가 현재시제인 것은 그 하나님 나라의 복된 경험을 지금 여기서도 할 수 있다는 선언입니다. 하나님 나라의 미래 완성을 바라보지만 지금 여기서도 하나님 나라를 누릴 수 있습니다.[주4] 이것을 뒤집어서도 생각해 보겠습니다. 하나님 나라를 현재 소유했다는 선언이 있지만 그 하나님 나라는 아직 완성되지 않았고, 우리는 여전히 약속들이 성취될 마지막 때를 기다립니다. 그리고 이런 현재와 미래 하나님 나라의 간극과 긴장이 슬퍼함의 이유가 됩니다.

슬픔의 이유들

5:4에 대한 첫 질문은 애통의 이유에 관한 것입니다. 무엇에 대해 또는 무엇 때문에 슬퍼할까요? 첫 번째로 죄에 대한 애통으로 이해하는 견해가 있습니다. "확장번역성경"(Amplified Bible)은 말 그대로 확장된 번역을 통해 이 질문에 대한 답을 담았습니다.

> [자신들의 죄에 관해] 슬퍼하고 [회개하는] 사람들은 [하나님의 은혜로 용서받고 새롭게 되고] 복됩니다. [죄의 짐이 덜어질 때] 그들이 위로를 받을 것이기 때문입니다.[주5]

이 번역은 애통을 죄에 대한 애통으로 이해하면서, 죄에 대해 슬퍼하며 회개하는 사람이 하나님의 은혜로 용서받고 새롭게 되는 복에 대한 말씀으로 설명합니다. 이런 사람들이 복된 이유는 죄의 짐을

벗을 때 위로를 받기 때문입니다. 이렇게 애통함을 죄에 대한 애통함으로 이해하는 것은 이 번역뿐 아니라 종종 만나는 해석입니다.[주6]

슬픔의 이유에 대한 두 번째 견해는 우리가 실제로 경험하는 정말 고통스럽고 아픈 일들로 인한 슬픔이라는 것입니다.[주7] 여기 '슬퍼하다'라는 동사는 매우 강력한 동사로, 죽음 앞에서 통곡하는 것을 의미하기도 합니다. 개역개정 마태복음 5:4에서 '애통하다'로 번역된 그리스어 동사 '펜테오'[주8]는 칠십인역 창세기 37:34에서 형제들이 요셉을 팔아 버리고 그가 죽었다고 야곱에게 거짓말을 했을 때, 야곱이 요셉이 죽은 줄 알고 통곡하는 모습을 표현하는 동사입니다("야곱이 그의 옷을 찢고 굵은 베로 그의 허리를 묶고 많은 날 동안 그의 아들을 위하여 애통했다"). 여기서 한 가지 조심할 것이 있습니다. 사랑하는 사람을 잃고 비탄한 사람에게 죽은 분이 좋은 곳에 갔으니 슬퍼할 것이 없다고 위로하며 행복해야 한다고 말하는 것은 이 본문의 의도가 아닙니다. 물론 이런 슬픔에 대해서도 우리 신앙이 응답해야 하지만, 신앙이 우리를 슬픔에 대해 둔하고 무감각한 사람으로 만들어서는 안 됩니다. 이런 점에서 복됨의 이유가 미래로 되어 있다는 점이 매우 중요합니다. 위로가 미래의 약속이라는 사실을 놓치고 지금 행복해야만 한다고 이야기하는 것은 부적절합니다.

슬픔의 이유에 대한 세 번째 견해는 5:4에서 말하는 슬픔이 이 세상에 있는 고난과 고통에 대한 슬픔이라는 설명입니다.[주9] 이것은 죄에 대한 슬픔의 확장으로 이해할 수 있습니다. 내 죄에 대해 애통할 뿐만 아니라 다른 사람의 죄에 대해 애통하고[주10] 사람들의 죄로 인해 망가진 세상에 대해서도 애통하는 것입니다. 이것을 고난받는 자들의 슬픔이라고 묘사할 수도 있습니다.[주11] 세상의 고난과 아픔에 대한 슬픔뿐 아니라 세상에서 그리스도를 따르다가 고난받는 자들의 슬픔이기도 합니다. 죄에 대한 슬픔, 개인적인 삶의 고난에 대한 슬픔, 세상에 있는 고통에 대한 슬픔, 이 세 가지 슬픔은 서로 얽혀 있습니다. 하지만 그중에서 세 번째 슬픔에 조금 더 주목해 봅니다. 그리고 저는 그것을 '토요일의 슬픔'이라고 부르고 싶습니다. 토요일을 사는 사람들은 슬픕니다. 무슨 뜻일까요?

토요일의 슬픔

그리스도인은 토요일을 사는 사람입니다. 토요일을 산다는 것은 어떤 의미일까요? 그리스도인의 삶을 두 가지 요일에 빗대어 말할 수 있습니다. 하나는 금요일이고, 또 하나는 일요일인 주일입니다. 금요일은 예수님이 돌아가신 날입니다. 죽음이 승리한 것처럼 보이는 날입니다. 그리고 일요일은 예수님이 부활하신 생명과 승리의 날입니다. 기독교 신앙의 핵심 중 하나는 일요일의 생명의 힘이 금요일의 죽음의 권세를 이겼다는 사실입니다. 그러다 보니 그리스도인의 삶은 금요일에 매이지 않고 항상 일요일의 경험으로 가득 차야 한다고 생각하게 됩니다.

코로나 이후로는 드물어졌지만, 예전에는 식품 매장에 맛보기 음식이 꽤 있었습니다. 그런 맛보기 음식처럼 우리의 일상 속에 미리 맛볼 수 있는 하나님 나라의 실체가 있습니다. 먹구름이 가득 찬 하늘이지만, 먹구름이 잠시 비킬 때 살짝 내비치는 찬란한 햇빛을 경험하면 먹구름 너머 찬란한 해가 빛나고 있다는 사실을 분명히 알게 됩니다. 이처럼 우리는 분명히 일요일의 실체, 생명과 승리의 현실을 일

갈하고 그 맛을 보았습니다. 이러한 경험과 인식이 우리의 신앙을 시작하게 하고 지켜냅니다.

비록 찰나이지만, 그 햇빛이 너무나 찬란합니다. 맛보기 음식을 먹었는데 너무 맛있습니다. 그래서 우리의 찬양은 그러한 일요일의 경험과 일요일의 관점으로 가득 차 있습니다. 주일예배나 수련회 집회 때 말씀을 흠뻑 듣고 찬양을 부를 때면 세상을 다 이긴 것 같습니다. 항상 그 햇빛을 받고, 그 음식을 풍성하게 먹으면서 살 수 있을 것 같다는 생각이 듭니다. 그러나 이런 경험은 바라는 만큼 오래 지속되지 않습니다. 찬란했던 햇빛이 다시 먹구름에 가립니다. 예배가 끝나고 돌아간 우리의 일상과 세상은 그대로입니다.

우리는 더 이상 죽음이 완전히 이겨 버린 듯한 금요일을 살지 않습니다. 그렇다고 생명의 승리를 만끽하는 일요일을 사는 것도 아닙니다. 현재 우리 삶은 금요일과 일요일 사이인 토요일의 삶입니다. 토요일은 찬란한 햇빛의 일요일은 아닙니다. 그렇다고 먹구름의 현실을 인정한 패배의 금요일은 더욱 아닙니다. 토요일은 분명한 실체인 일요일의 찬란한 햇빛을 기다리며 금요일의 현실적 어려움을 살아내는 날입니다. 금요일과 일요일의 긴장과 역설을 감내하며 사는 날입니다.

그래서 토요일을 사는 사람은 희망을 가지고 살지만 동시에 슬퍼합니다. 찬란한 일요일의 현실을 알고 있습니다. 그것이 어려움 속에서도 계속 살아갈 힘을 줍니다. 하지만 죽음이 여전히 기세를 부리는 듯한 토요일의 경험은 우리에게 슬픔을 줍니다. 세상이 여전히 어그러져 있기 때문입니다. 아직까지 이 세상이 내가 일갈했던 햇빛을 온전히 경험하지 못한다는 사실에 슬픕니다. 억울한 삶이 있는 세상이 슬픕니다. 안타까운 죽음이 있는 세상이 슬픕니다. 그래서 온전한 평화가 없는 이 세상이 슬픕니다. 이것이 토요일을 사는 슬픔입니다.

우시는 하나님

슬픈 사람들이 위로가 있을 거라는 약속을 받았습니다. 그렇지만 여전히 미래의 약속입니다. 아무리 확실하게 보장된다 하더라도 미래의 위로가 현실의 애통을 무효로 만들지는 않습니다. 위로를 믿고 기다리지만 슬픈 것은 슬픈 것이고 속상한 것은 속상한 것입니다. 기독교 신앙을 가졌다고 해서 안타까운 죽음 앞에서 슬픔을 억지로 눌러야 하는 것은 아닙니다. 하지만 동시에 그 슬픔이 우리의 신앙을 무효로 만드는 것도 아닙니다. 신앙이 있으면서도 슬퍼할 수 있습니다. 이 사실을 가장 분명하게 보여 주는 것은 하나님의 울음입니다.

우선 예수님을 생각해 봅니다. 요한복음 11:32-35에서 예수님은 "마리아뿐만 아니라 같이 따라온 유다인들까지 우는 것을 보시고 비통한 마음이 북받쳐 올랐"습니다(공동번역개정). 그리고 급기야 나사로의 주검을 찾으며 눈물을 흘리셨습니다.주12 누가복음 19:41-44에서 예수님은 예루살렘을 바라보며 우셨습니다. '평화를 만드는 일들'주13을 알지 못하고 심판과 멸망 앞에 놓인 도시를 내려다보시는 "예수님의 두 눈에 눈물이 흥건했습니다."주14 사랑하는 자를 잃어버린 슬픔을 예수님도 직접 경험하셨습니다. 그리고 개인뿐 아니라 세상의 안타까운 모습을 보며 예수님은 우셨습니다. 히브리서 5:7은 예수님이 "심한 통곡과 눈물로" 기도하셨다고 말합니다. 예수님이 우신 사실을 알려 주는 본문들은 예수님이 참 사람이셨다는 사실을 확인해 주는 데 그치지 않습니다. 그로 말미암아 세상이 창조된 말씀인 예수님이 친구의 무덤 앞에서, 멸망할 도시를 보고 우셨습니다.[주15] 참 하나님이신 예수님이 우셨습니다.

예수님이 우셨던 것처럼 성부 하나님도 우시는 하나님입니다. 장신대에서 은퇴하신 박동현 교수님의 박사 학위 논문 제목이 "애통하시는 하나님―애통하는 사람들"입니다.[주16] 예레미야서에 대한 연구인데 제목이 참 의미심장합니다. 애통하시는, 탄식하시는, 우시는 하나님을 특히 구약에서 자주 만날 수 있습니다. 대표적인 몇 개의 본문을 인용해 보겠습니다.

그러므로 내가 야셀의 울음처럼 십마의 포도나무를 위하여 울리라. 헤스본이여, 엘르알레여, 내 눈물로 너를 적시리니 너의 여름 실과, 네 농작물에 즐거운 소리가 그쳤음이라. (사 16:9)

모압을 생각하니, 나의 심장이 수금 줄이 튀듯 떨리고, 길하레셋을 생각하니, 나의 창자가 뒤틀린다. (사 16:11, 새번역)

그러므로 내가 모압을 위하여 울며 온 모압을 위하여 부르짖으리니 무리가 길헤레스 사람을 위하여 신음하리로다. 십마의 포도나무여 너의 가지가 바다를 넘어 야셀 바다까지 뻗었더니 너의 여름 과일과 포도 수확을 탈취하는 자가 나타났으니 내가 너를 위하여 울기를 야셀이 우는 것보다 더하리로다. (렘 48:31-32)

그러므로 나의 마음이 모압 때문에 슬픈 소리가 나는 피리처럼 탄식하며, 나의 마음이 길헤레스의 주민 때문에도 슬픈 소리가 나는 피리처럼 탄식한다. 모압이 남겨 놓은 재물이 사라졌기 때문이다. (렘 48:35, 새번역)

예수님이 우십니다. 하나님이 우십니다. 하나님의 울음은 하나님의 능력입니다. 일반적으로 우리는 문제를 해결하는 능력에 관심이 많습니다. 그러나 다른 차원의 능력도 있습니다. 누군가 자신이 겪는 어려움을 호소할 때 어떤 사람은 해결책을 제시하려 하지만 어떤 사람은 공감을 합니다. 해결책이 필요할 때도 있지만 공감이 더 적절할 때도 있습니다. 우시는 하나님은 공감의 능력을 지니신 분입니다.

죽음의 세력을 이기고 부활하신 예수님이 이 세상을 확실하게 바로잡으셨다면 우리가 지금 토요일을 살아갈 이유가 없었을 것입니다. 그래서 때론 하나님이 왜 우리에게 여전히 토요일을 살게 하셨을까 궁금합니다. 하지만 이유를 완전히 알 수 없는 가운데 우리는 토요일이라는 긴장과 역설의 시간을 살고 있습니다. 이런 긴장과 역설의 토요일에 필요한 능력은 함께하는 공감의 능력입니다. "상처 입은 치유자"라는 유명한 표현이 있습니다.[주17] 내가 상처 입은 경험이 있을 때 상처 입은 사람을 위로하고 치유할 수 있다는 것입니다. 이렇게 우리는 이유를 완전히 알지는 못하지만 주어진 토요일의 현실을 살아가면서 애통의 시간이 지닌 의미를 조금씩 알아 갑니다. 무엇보다 토요일은 우시는 하나님을 닮아 가는 시간입니다. 우시는 하나님을 닮아 가면서 우리는 공감의 힘을 길러 갑니다. 우리를 함께 우는 자로 부르신 하나님의 뜻을 조금씩 알아 갑니다.

토요일의 예수님

밴쿠버기독교세계관대학원에서 신입생 수련회를 할 때면 마지막 순서로 밴쿠버 근교에 있는 웨스트민스터 수도원(Westminster Abbey)에 견학을 갑니다. 그 수도원의 본당에는 제단이 있고, 그 위에는 긴 끈으로 천정에 매달린 십자가에 달리신 예수님 상이 있습니다. 어느 해에 그곳을 방문했던 날이 마침 성 금요일이었습니다. 그런데 평소와 달리 제단 위 십자가에 달린 예수님 상이 어두운 천으로 가려져 있었습니다. 나중에 알고 보니 그것은 "수난절"(passiontide)이라는 사순절의 마지막 두 주간 동안 십자가와 예수님 상을 가리는 "성화상 가림"이라는 전통이었습니다. 성 금요일 성만찬을 기념할 때까지는 십자가와 예수님 상을 모두 가리고 성만찬 기념이 끝나면 예수님 상만 "부활 성야 미사"(Easter vigil)까지 가린다고 합니다. 그렇게 되면 성 금요일과 부활절 사이의 토요일에는 빈 십자가만 남는 셈입니다. 이 전통에는 여러 이유가 있지만, 제게는 예수님이 돌아가신 금요일과 부활하신 일요일 사이의 토요일은 예수님이 이 세상에 부재하신 시간이라는 상징으로 보였습니다.[주18] 부활절로 이어지는 고난주간과 관련해 예수님이 월요일부터 금요일까지 하신 일에 대한 이야기와 묵상은 많습니다. 그리고 부활하신 주일에 관한 이야기도 많습니다. 하지만 예수님이 죽으시고 부활하시기 전 시간인 토요일의 의미에 대해서는 보통의 한국 교회에서 거의 이야기하지 않는 것 같습니다.

하지만 성 토요일에 대해 사도신경을 비롯한 교회 전통은 꽤 많은 이야기를 합니다. 한국 기독교가 사용하는 한글 공인 사도신경에는 없지만 영어 번역을 보면 "본디오 빌라도에게 고난을 받아 십자가에 못 박혀 죽으시고 장사된 지"와 "사흘 만에 죽은 자 가운데서 다시 살아나셨으며"라는 구문 사이에 "그가 지옥에 내려가셨으며"(He descended into hell)라는 문장이 있습니다.[주19] 이것은 라틴어로 된 사도신경 최종본을 반영한 번역입니다.[주20] 이 구문은 예수님의 토요일 행적에 대해 그분이 음부로 내려가셨다고 고백합니다.

많은 교회와 신학자가 권위 있는 신앙고백으로 받아들이는 이 예수님의 음부강하의 의미에 대해 크게 두 가지 설명이 있습니다. 하나는 예수님이 음부에 내려가셔서 사탄의 세력에 대해 승리하시고 그곳에 갇힌 성도를 구하셨다는 설명이고, 또 하나는 땅에서뿐 아니라 음부에서도 고통을 당하셨다는 설명입니다.[주21] 그러나 승리와 고통, 이 두 가지 중에서 하나만 선택할 필요는 없습니다. 예수님이 음부에서 받으신 가장 큰 고통은 성부 하나님으로부터의 버림받음이었고, 그 고통은 다름 아닌 우리가 받아야 할 형벌을 감당하시는 고통이었습니다. 하나님으로부터 버림받은 극한의 고통 속에서 예수님은 인류와 자신을 동일시하셨습니다.

> 성 토요일의 어둠 속에서 하나님의 아들은 심판을 피할 수 없고 음부에 갇힐 수밖에 없는 인류의 운명마저 자기 것으로 삼으셨습니다. 그럼으로써 하나님의 아들은 죄인이자 죽을 수밖에 없는 인류와 급진적으로 연대하고 가장 깊은 친교를 맺으셨습니다.주22

이 연대와 친교가 죄의 세력에 대한 승리입니다. 두려움으로 통치하는 죽음의 세력을 사랑의 연대로 무력화시키셨습니다. 고독과 고통의 두려움을 떨쳐 버리게 하는 사랑의 연대가 승리의 힘입니다.

예수님이 음부로 내려가신 것은 죽음이라는 인간 삶의 가장 강력한 경계를 넘으신 것입니다. 심지어 인간의 육체적 죽음뿐 아니라 성부 하나님으로부터도 버림받는 무신론적 죽음의 경계조차 넘으셨습니다. 무덤 속에서 예수님은 "성부의 생명으로부터 완전히 소외되어 죽은 자들과 함께"하셨습니다.[주23] 죽을 인류와 가장 급진적인 연대와 가장 깊은 친교를 이루기 위해 죽음의 경계마저 넘으신 것입니다. 이것이 십자가 사건이었고 하나님은 그 죽음의 경계를 넘었던 예수님을 다시 일으켜 자신의 아들임을 확증하셨습니다. 이것이 부활로 이어진 예수님의 토요일이었습니다. 토요일의 우리 삶도 경계를 넘어 애통하는 타자와 연대하는 삶이어야 합니다.[주24] 그러면서 우리는 우시는 하나님을 닮아 가고 알아 갑니다. 우리는 죽음의 경계까지 넘어가신 예수님을 따르는 제자들입니다. 그렇기에 우리 앞에 놓인 경계를 넘는 삶으로 부름받았습니다. 쉽지 않을 것입니다. 하지만 불가능하지도 않습니다. 주님의 사랑과 공감의 연대가 경계 너머 삶에도 함께하시기를 구할 뿐입니다.

토요일을 사는 사람의 행복

하나님 나라의 실체를 경험했지만 그 완성을 기다리는 현실의 토요일은 슬픕니다. 그런데 마태복음 5:4은 그 토요일을 사는 사람이 복되다고 선언합니다. 그 슬픔이 결국 위로로 끝나기 때문입니다. 다른 한글 번역들이 '그들이 위로를 받을 것이다'라고 번역한 4절 후반부를 새번역은 "하나님이 그들을 위로하실 것이다"라고 하나님이 주어인 능동태 문장으로 번역했습니다. 그리스어 원문은 수동태로 되어 있고 '하나님'이라는 단어가 명시적으로 등장하지 않습니다. 이처럼 주어가 없는 수동태 중에서 하나님의 행위를 전제하는 것을 신적 수동태(divine passive)라고 부릅니다. 새번역은 4절 후반부를 신적 수동태로 이해하고 번역해 결국 위로는 하나님이 주신다는 생각을 표현했습니다(GNB 참조).

토요일을 사는 사람에게 주어지는 위로는 궁극적으로 하나님의 위로입니다. 그렇다면 하나님의 위로는 어떤 모습으로 우리에게 다가올까요? 우선 하나님이 우리를 안아 주시고 위로하십니다. 그리고 우리와 함께 울어 주시고 위로하십니다. 무엇보다 하나님이 이 세상을 다시 바르게 세우시는 것을 볼 때 우리는 위로를 받을 것입니다. 어그러진 세상 속에서 하나님과 함께 슬퍼했던 사람들은 하나님의 개인적이고 직접적인 위로가 아니더라도, 억울함이 풀린 이웃을 보고, 이른 죽음에 통곡했던 사람들의 회복을 보며, 어그러졌던 세상이 바로잡히는 것을 보며 위로를 받을 것입니다. 그래서 애통하는 사람들이 위로받을 것이라는 선언은 십자가와 부활이 보여 준 하나님의 다스림이 진정한 실체라고 확인하는 선언이기도 합니다. 하나님이 지금 함께 슬퍼하시는 공감의 능력뿐 아니라 결국 악을 심판하고 어그러진 것을 바르게 펴시는 해결의 능력도 가지고 계시다는 확언입니다. 슬퍼하는 사람들이 위로를 받을 것이기 때문에 복되다는 말씀은 하나님이 이 세상을 바로잡으실 것이라는 분명한 약속입니다. 이런 위로를 기다리며 토요일을 사는 그리스도인은 복됩니다.

토요일을 살아가는 그리스도인은 슬픕니다. 새 하늘과 새 땅이 일요일에 펼쳐질 것을 알지만, 여전히 어그러진 세상 속에서 나의 죄악과 이웃의 억울함과 고통에 슬퍼합니다. 미래에 있을 위로가 현재의 슬픔을 완전히 덮지는 못합니다. 예수님도 우시고 하나님도 탄식하십니다. 그래서 토요일을 살아가는 예수님의 제자는 세상의 슬픔 가운데 함께 우시는 하나님을 알아 가고 닮아 갑니다. 예수님은 죽음의 경계를 넘어가 죽음에 매인 사람들의 운명을 자신의 것으로 삼으셨습니다. 우리도 그 예수님을 따라 경계 너머 타자의 슬픔을 우리의 것으로 삼습니다.

우시는 하나님을 닮아 가며 경계 너머의 사람들과 연대하며 토요일을 살아가는 그리스도인은 결국 부활의 여명을 만날 것입니다. 사람을 무너뜨리는 것은 현재의 어려움 자체라기보다 희망의 부재입니다. 예수님의 십자가와 부활은 복된 삶과 번영에 대한 우리의 이해를 뒤집으며 무엇이 희망의 진짜 근원인지를 확인시켜 줍니다. 위로의 약속은 새로운 세상에 대한 약속입니다. 그 약속을 아는 그리스도인들은 비록 토요일을 살고 있지만 행복합니다. 그 위로를 기다리는 제자들은 복됩니다. 이 토요일을 사는 사람의 행복을 누리실 수 있기를 바랍니다.

4
온유의 십자가, 하나님의 사과

복 있습니다, 온유한 사람들은! 그들이 땅을 물려받을 테니까요. 마 5:5

온유한 자는 현세에 처하여 열패자가 안 될 수 없는 것이다. 그러나 고래로 진정한 기독신자는 이 열패자의 지위에 자처하였다.[주1]

팔복의 세 번째 복은 온유한 사람에 관한 것입니다. 온유한 사람이 땅을 기업으로 받을 것이기 때문에 복되다고 선언합니다. 과연 '온유함'과 '땅을 기업으로 받는 것'은 어떤 의미며 어떤 관계일까요? 이 두 개념의 의미와 더불어 3절의 경우처럼 복된 사람의 특징과 복된 이유의 관계에 대한 설명이 필요해 보입니다.[주2]

통제 아래 있는 힘?

'온유하다'는 따듯하다(온)와 부드럽다(유)는 의미의 한자어입니다. 그래서 국립국어원 표준국어대사전은 '온유하다'를 이 한자어들의 의미 그대로 "태도나 성격 따위가 따듯하고 부드럽다"라고 풀어놓았습니다.[주3] 이렇게 뜻을 직접 풀은 설명과 더불어, 비슷해 보이지만 다른 개념들을 비교하면 뜻이 조금 더 분명해지기도 합니다.

예를 들어, 많은 사람이 '온유하다'가 '나약하다'는 뜻이 아니라고 설명합니다. 특히 영어를 사용할 경우 비슷한 소리가 나는 'meek'(온순하다)와 'weak'(나약하다)를 대조합니다. 조금 더 확장해, 온유한 것은 비굴하거나 굴종하는 것이 아니라고도 설명합니다. 대신 성경이 말하는 온유함이란 '통제 아래 있는 힘'이라고 설명하며 길들여진 야생마의 특징에 비유합니다. 이런 설명을 한 번쯤 들어 보셨을 것입니다.

> 온유가 무조건 부드러운 것이라고 생각하는 것도 심각한 오해다. 그래서 온유한 사람은 화도 내지 않는다고 여긴다. 그러나 길들여진 야생마가 주인 앞에서 순한 양 같을

때도 있지만 주인과 같이 거친 벌판을 거친 숨을 몰아쉬며 폭주할 때도 있다. 주인이 원할 때는 불같이 변하기도 한다.주4

또한 온유한 자의 대표 격인 모세와 예수님도 마냥 순하기만 한 성품은 아니었다고 말합니다. 이 설명처럼 '온유하다'로 번역된 그리스어('프라우스')가 "길들여진 동물"을 묘사하는 데 사용되기도 합니다.주5 그리고 온유하신 예수님이 욕도 하시고 화도 내신 것이 사실입니다(마 12:34; 23:33; 요 2:13-17). 그렇다면 팔복에 나오는 온유함은 겉으로는 부드러워 보이나 속은 단단하다는 외유내강 정도의 의미일까요?

찬찬히 생각해 보았습니다. 예수님이 성전을 강도의 소굴로 만드는 사람들의 상과 의자를 둘러엎으시기도 하고 위선적인 바리새인들에게 욕을 하시기도 했으니, 온유함에는 그런 불같은 특징도 있다고 설명하는 것이 얼마나 적절한지 말입니다. 과연 예수님이 온유하시기 때문에 화를 내시는 것일까요? 온유하시지만 화를 내시는 경우도 있다고 두 가지를 구별해 생각하는 것이 더 자연스럽지 않을까요? 또한 예수님이 보여 주신 모든 모습이 온유함의 일부라고 생각하는 것도 어색합니다. 기도하기 위해 아침에 일찍 일어나시는 부지런함도, 폭풍 속에서 잠들 정도로 피곤하게 사셨던 열정도 모두 온유함의 특징이라고 말할 수 있을까요? 각 성품을 구별해서 생각하는 것, 예를 들면 예수님은 온유하신 동시에 필요할 때는 분노하기까지 열정적이신 분이라고 생각하는 것이 더 자연스럽습니다. 온유해도 화낼 수 있습니다. 그렇다고 화낼 수 있는 불같음이 온유함의 특징은 아닙니다. 길들여진 야생마가 사람의 말을 잘 듣는다면 사람 말을 잘 듣는 모습이 온유한 모습이지, 거친 벌판을 폭주하는 것은 야생마의 또 다른 특징일 뿐입니다.

온유함과 힘을 조화시키려는 시도 자체가 이미 온유함과 힘이 다르다는 것을 드러냅니다. 굳이 '통제 아래 있는 힘'으로 온유함을 설명하고 싶다면 힘 자체가 아니라 그 힘이 통제 아래 있다는 특징이 강조되어야 합니다. 힘이 통제되기 때문에 온유해진 것이지, 통제된 힘 자체가 온유함의 특징은 아닙니다.

온유함을 '통제 아래 있는 힘'이라고 설명하는 이유는 온유함을 말하면서도 여전히 힘을 포기하고 싶지 않기 때문입니다. 온유함을 설명하는 순간조차 길들여진 야생마를 이야기하고 통제된 힘을 이야기하는 것은 우리가 여전히 힘을 놓치거나 놓고 싶지 않고, 그것을 욕망하기 때문입니다. 이런 모습은 우리의 약함 자체를 주님의 힘으로 받아들이는 대신, 약해지는 것을 강해지기 위한 비결로 삼는 습성과 같습니다.[주6]

대책 없는 사람들

마태복음에서 '온유하다'로 번역된 그리스어 '프라우스'의 의미를 파악하기 위해 마태복음 5:5이 인용하는 구약을 살펴보는 것도 큰 도움이 됩니다. 마태복음 5:5은 거의 시편 37:11의 인용입니다. 특히 개역개정의 표현은 두 구절이 매우 비슷합니다.

> 그러나 온유한 자들은 땅을 차지하며 풍성한 화평으로 즐거워하리로다. (시 37:11)

여기서 "온유한 자들"로 번역된 히브리어는 '아나브'라는 명사의 복수형입니다. 이 단어를 새번역은

"겸손한 사람들", 공동번역개정은 "보잘것없는 사람", 가톨릭성경은 "가난한 이들"이라고 번역했습니다. '아나브'라는 히브리어는 이사야 61:1에서 "가난한 자"로 번역되었습니다. 즉, 마태복음 5:3의 배경이 되는 이사야 61장의 "가난한 자"와 마태복음 5:5의 배경이 되는 시편 37:11의 "온유한 자"는 히브리어로 같은 단어입니다. 히브리어로 '온유한 사람'이라 할 수 있는 단어를 이미 마태복음 5:3에서 만났던 것입니다. 5절의 "온유한 자"와 3절의 "가난한 자"에는 히브리어를 기준으로 보았을 때 뭔가 통하는 점이 있습니다. 둘 다 힘이 없는 상태, 능력이 없는 상태입니다(powerlessness).[주7] 조금 더 구체적으로 풀어 보면, 자신이 가지고 있는 주장이 있는데 그것을 내세울 수 없어, 늘 하나님이 해결해 주시거나 해결해 주시기를 기대해야 하는 상태입니다.[주8] 우리가 알고 있는 온유함의 뜻을 가지고 설명해 보면, 늘 다른 사람을 따듯하고 부드럽게만 대해서 중요한 순간에 하나님이 직접 나서지 않으시면 손해를 보는 사람들입니다.

그런데 이런 설명은 한 가지 문제를 해결해야 합니다. 바로 예수님의 온유함입니다. 성경에는 예수님이 온유하시다고 알려 주는 두 본문이 있습니다. 하나는 마태복음 11:29입니다. "나는 마음이 온유하고 겸손하니 나의 멍에를 배우고 내게 배우라. 그리하면 너희 마음이 쉼을 얻으리니." 다른 하나는 마태복음 21:5입니다. 개역개정과 공동번역개정은 '겸손하다'로 번역했지만, 새번역은 '온유하다'로 번역했습니다. "시온의 딸에게 말하여라. 보아라, 네 임금이 네게로 오신다. 그는 온유하시어, 나귀를 타셨으니, 어린 나귀, 곧 멍에 메는 짐승의 새끼다."

앞에서 온유함을 능력이 없는 상태와 관련해 설명했습니다. 그런데 예수님은 능력 없는 분이 아닙니다. 온유한 사람을 하나님이 나서야만 문제가 해결될 만큼 순한 사람이라고 말하면, 온유함은 예수님에게 뭔가 안 어울리는 것 같습니다. 하지만 예수님의 생애에 하나님이 직접 나서서 문제를 해결하신 경우가 있었습니다. 다름 아닌 십자가 죽음을 하나님이 부활로 해결하신 것입니다. 십자가 죽음으로 나아가는 예수님의 모습을 연상시키는 이사야 53:7은 순한 양의 모습을 그립니다.

그가 곤욕을 당하여 괴로울 때에도 그의 입을 열지 아니하였음이여 마치 도수장으로 끌려가는 어린 양과 털 깎는 자 앞에서 잠잠한 양 같이 그의 입을 열지 아니하였도다. (사 53:7)

그런데 이 구절에서 "괴로울 때에도"라고 번역된 동사('아나'의 재귀형)는 '온유한 자'라고 번역되는 단어('아나브')와 어근이 같습니다('nh). 그래서 일반적인 번역과 달리 여기서 이 동사를 '스스로 겸비했다'(humbled himself) 또는 '유순하다'(submissive)라고 이해하는 것이 더 적절하다고도 설명합니다.^{주9} 그래서 유대출판협회(Jewish Publication Society)가 영어로 히브리어 성경을 번역한 타나크(Tanakh)도 '그는 유순했다/순종적이었다'(he was submissive)라고 번역했습니다. 예수님은 능력이 없는 분이 아니었지만, 십자가에서는 자신의 힘을 발휘하지 않고 하나님께 맡기셨습니다(마 26:53; 눅 23:46 참조). 십자가에서 자신의 힘을 내려놓으신 온유한 예수님은 하나님만 자신의 대책으로 삼으셨습니다(시 22:1, 26 참조). 그리고 예수님의 대책이 되신 하나님은 부활을 통해 문제를 해결하셨습니다. 그리고 이렇게 예수님의 온유함이 드러난 십자가는 '땅을 기업으로 받는다'는 주제를 다시 살피는 핵심 고리가 됩니다.

삶의 터전을 마련해 주시는 하나님

앞에서 보았듯이 "온유한 자들은 땅을 차지하며"라는 표현이 있는 시편 37:11은 마태복음 5:5과 매우 닮았습니다. 그런데 시편 37편에는 '땅을 차지한다'는 표현이 11절을 포함해 다섯 번 나옵니다(9, 11, 22, 29, 34절). 이 구절들은 모두 '악인의 끊어짐'과 대조됩니다. 먼저, 9절에서 "악을 행하는 자들"은 "여호와를 소망하는 자들"과 대조되는데, 악을 행하는 자들은 끊어질 것이나 여호와를 소망하는 자들은 땅을 차지한다고 말합니다. 그러한 대조가 10-11절에서 확장됩니다. 10절은 잠시 후에 없어질 악인을, 11절은 땅을 차지하고 풍성한 화평으로 즐거워할 온유한 자들을 이야기합니다(이때 "화평"의 히브리어는 '샬롬'입니다). 22절도 땅을 차지하는 것과 끊어지는 것을 대조하는데, 이것은 각각 "주의 복을 받은 자들"과 "주의 저주를 받은 자들"의 운명입니다. 이런 대조는 27-34절에서 의인과 악인의 대조로 이어집니다. 악인의 자손은 끊어지지만 의인은 땅을 차지합니다(28b, 29절). 여호와는 자신을 바라고 도를 지키는 의인이 땅을 차지하게 하시지만 악인은 끊어지게 하실 것입니다(34절).

그런데 우리의 경험만 가지고 생각하면 악한 사람과 온유한 사람 중 누가 끊어지기 쉬울까요? 악한 사람을 조금 구체적으로 '사나운 사람' 또는 '자기주장을 끝까지 밀어붙이는 사람'이라고 해볼까요? 그런 사람들과 '온유해서 마냥 따뜻하고 부드러운 사람' 중에 누가 끊어지기 쉬울까요? 우리의 경험대로라면, 온유하면 사나운 사람들에게 시달려 금세 끊어질 것 같습니다. 그런데 시편 37편은 사실 끊어지고 없어지는 것은 악인이고, 온유한 사람은 하나님이 지켜 주셔서 안전하게 살 수 있다고 노래합니다. 우리는 왜 온유하지 못할까요? 마냥 온유하기만 해서는 살아남지 못할 것 같기 때문입니다. 부드럽고 따뜻하기만 하면 손해 보고, 망하고, 사기당하고 살아남지 못할 것 같습니다. 그런데 마태복음 5:5과 시편 37편은 우리에게 온유해도 된다고 말합니다. 하나님이 대책이 되어 주시기 때문입니다.

시편 37편에 나오는 표현들을 열거해 보겠습니다.

온유한 사람이, 여호와를 소망하는 사람이, 주의 복을 받은 사람이, 의인이, 여호와를 바라고 그의 도를 지키는 사람이 땅을 차지합니다. '땅을 차지한다'는 말을 '삶의 터전이 생긴다'로 표현해 볼 수도 있습니다. 그러고 보니 시편 37편에서 '땅을 차지한다'는 표현(22, 29절)이 감싸고 있는 23-26절은 "내가 어려서부터 늙기까지 의인이 버림을 당하거나 그의 자손이 걸식함을 보지 못하였도다. 그는 종일토록 은혜를 베풀고 꾸어 주니 그의 자손이 복을 받는도다"라는 말씀으로 마무리됩니다. 종일토록 은혜를 베풀고 꾸어 주는 사람은 온유한 사람입니다. 그런데 그의 자손이 복을 받습니다. 따뜻하고 부드럽고 겸손한 사람, 늘 은혜를 베풀고 꾸어 주는 대책 없는 사람을 하나님이 책임지십니다.

하나님 외에는 대책이 없는 사람에게 하나님이 삶의 터전을 마련해 주시는 것이 온유한 사람이 땅을 차지하는 복입니다. 그러고 보니 이 복은 마태복음 6:33의 약속과도 닮았습니다. "그러므로 염려하여 이르기를 무엇을 먹을까 무엇을 마실까 무엇을 입을까 하지 말라. 이는 다 이방인들이 구하는 것이라. 너희 하늘 아버지께서 이 모든 것이 너희에게 있어야 할 줄을 아시느니라. 그런즉 너희는 먼저 그의 나라와 그의 의를 구하라. 그리하면 이 모든 것을 너희에게 더하시리라"(마 6:31-33). 온유하게 살다가 끊어질까 두려워하는 우리에게 마태복음 5:5과 6:33은 땅을 차지하게 해주겠다고, 삶의 터전을 마련해 주겠다고, 모든 것을 더하겠다고 약속합니다.

출애굽기 14장도 하나님의 대책을 믿고 두려워하지 말라는 말씀입니다. 이스라엘 자손들은 홍해를 건너기 전에 두려워했습니다. '이러다 다 죽겠구나' 싶었습니다. 그때 모세가 말합니다. "너희는 두려워하지 말고 가만히 서서 여호와께서 오늘 너희를 위하여 행하시는 구원을 보라. 너희가 오늘 본 애굽 사람을 영원히 다시 보지 아니하리라. 여호와께서 너희를 위하여 싸우시리니 너희는 가만히 있을지니라"(출 14:13-14). 홍해 앞에서 가만히 있어도 하나님이 친히 싸워 지켜내시겠다는 약속입니다. 우리가 온유하게 살아도 하나님이 삶의 터전을 주겠다고 약속하셨듯이 말입니다. 그런데 출애굽기 14장과 관련해서 생각해 보고 싶은 주제가 있습니다. 그것은 전쟁, 온유함, 그리고 땅의 관계입니다. 구약에서는 전쟁이 땅을 기업으로 받는 과정이었습니다. 그런데 마태복음은 온유한 사람이 땅을 기업으로 받는다고 말합니다. 땅을 기업으로 받는다는 주제를 두고 구약과 신약이 매우 다른 이야기를 합니다.

온유의 십자가, 하나님의 사과

온유의 기본적인 뜻은 '힘없음'입니다. 예수님이 가장 힘이 없으셨던 시간은 십자가의 시간이었습니다. 사실 십자가에서 내려올 수 있는 힘을 가지고 계셨지만, 그 힘을 다른 사람들을 위해 내려놓으셨습니다. 가장 강력한 힘을 갖고 계신 분이 가장 잠잠히 계셨던 그 온유의 순간은 십자가의 순간이었습니다. 그런데 이렇게 죽기까지 온유하셨던 예수님을 하나님이 개입해서 다시 살리시고 하나님의 아들이라 선포하셨습니다(롬 1:4). 아들은 그야말로 상속자입니다. 땅을 이어 차지하는 사람입니다.

이런 흐름을 따라가 보면, 예수님은 마태복음 5:5이 선언하는 복을 십자가와 부활을 통해 경험하시고 우리에게 보여 주신 것입니다. 저는 여기서 '땅을 기업으로 받는다'는 표현을 다시 주목해 봅니다. '땅을 기업으로 받는다'는 표현은, 앞서 살펴본 시편 37편을 제외하면, 여호수아서에 많이 나옵니다. 그래서 심지어 마태복음 5:5을 설명하면서 '여기 언급되는 땅은 원래 역사적 맥락에서 이스라엘 땅을 이야기하는 것이다'라고도 말합니다.주10

이 때 몇몇 질문이 떠오릅니다. '구약에서 어떤 사람이 땅을 차지했었나?' '구약에서 땅을 차지했던 방법은 무엇이었나?' 마태복음 5:5과 같은 분위기인 시편 37편을 제외하면 구약에서 땅을 차지하는 방법은 전쟁이었습니다. 가나안 정복 전쟁이 땅을 차지하는 과정이었습니다. 그 과정에서 구약의 표현을 문자 그대로 써 보면 가나안 사람을 멸절해야 했습니다. 그런데 마태복음 5:5에서는 다른 사람을 멸절시키기 위해 전쟁하는 사람이 아니라 다른 사람을 위해 힘을 내려놓는 사람, 온유한 사람이 땅을 차지한다고 말합니다. 이것은 새로운 방식의 새로운 시대를 알리는 선언입니다. 이제 전쟁은 더 이상 땅을 차지하는 방식이 아닙니다.

저는 〈민춘살롱〉이라는 유튜브를 운영하는데요, 그 채널에서 사람들이 꾸준히 검색하는 주제가 "가나안 정복"입니다. 제가 "구약 무엇이든 물어보세요"

라는 주제로 〈민춘살롱〉 생방송을 할 때면 거의 매번 받는 질문이 있습니다. "가나안 정복 전쟁은 어떻게 이해해야 되나요?" 그래서 제가 한번은 작정하고 그 질문을 하신 분께 거꾸로 여쭤었습니다. "가나안 정복 전쟁에 대해 굉장히 많이들 물어보시는데요, 그럴 때면 제 나름대로 이런저런 설명을 드립니다. 그런데 그런 설명을 듣고도 딱히 만족하지 못하시는지, 기회가 되면 다시 묻고 또 물으시는 경우를 많이 봅니다. 도대체 어떤 대답을 들으면 만족하실까요?" 이렇게 되물었더니 한 분이 굉장히 흥미로운 이야기를 해주셨습니다.

> 두 가지 중 하나라도 들으면 납득하겠다. 하나는 가나안 전쟁이 하나님이 관여하신 일이 아니라고 납득되게 설명해 줄 수 있으면 좋겠다. 하나님이 가나안 사람들을 진멸하라고 명령하신 것을 이해할 수 없는데, 사실은 그 명령이 하나님이 하신 것이 아니라고 누가 정말 속 시원하게 설명해 주면 받아들일 수 있다. 그런데 또 하나는 만일에 그 명령이 하나님이 하신 거라고 이야기할 수밖에 없다면, 하나님이 그렇게 하셨다는 것에 대해 하나님이 사과해 주신다면 더 이상 질문하지 않을 수 있겠다.

이 두 가지 요구 중에 특히 두 번째가 저를 고민하게 했습니다. '하나님이 사과해 주시면 좋겠다.' 어떻게 보면 신성모독 같은 요구입니다. 하나님께 "당신이 잘못하셨으니까, 미안하다고 사과하세요"라고 요구하는 것이니까요. 그런데 이 요구를 곱씹다가 어쩌면 십자가가 하나님의 사과일 수 있겠다는 생각이 들었습니다. 이것은 일종의 신학적 실험이니 좀 어색하고 불안해도 실험적 사유가 적절한지 한번 생각해 보시면 좋겠습니다.

제대로 된 사과는 자신이 했던 것에 대해 유감을 표할 뿐 아니라 앞으로는 그러지 않겠다는 약속을 포함하는데, 십자가 사건이 바로 하나님이 지금까지 세상과 사람들의 잘못을 심판하신 방식에 대해 유감을 표명하시고 앞으로는 그런 방식으로 세상과 사람을 다루지 않겠다고 보여 주신 것 같다는 생각이 들었습니다. 이 생각을 신학적으로 정당화할 수 있을까요? 과연 하나님이 사과하셨다고 말하는 것이 신성모독이 아닐 수 있을까요?

하나님이 사과하신다는 개념이 우리에게는 매우 낯설지만, 성경에는 하나님이 한탄하시고, 뜻을 돌이키시고, 후회하시고, 뉘우치셨다고 표현하는 경우들,

즉 '유감을 표하시는' 경우들이 있습니다.[주11] 하나님은 땅위에 사람 지으신 것을 한탄하셨습니다(창 6:6-7). 재앙을 내리려던 뜻을 돌이키시기도 했습니다(렘 18:8; 26:3, 13; 42:10; 욜 2:13; 욘 3:9). 하나님이 인자하심을 따라 하신 일입니다(시 106:45 참조). 사울을 왕으로 세운 것을 후회하셨습니다(삼상 15:11, 35). 심지어 다윗의 인구조사 때문에 재앙을 내린 것을 하나님이 뉘우치기도 하셨습니다(삼하 24:16; 대상 21:15). 이 모두 하나님이 자신의 행동에 유감을 표하신 경우들입니다. 그러면 하나님이 앞으로는 어떤 일도 하지 않겠다고 하신 적이 있던가요? 홍수가 끝나고, 하나님은 언약을 세우며 다시는 예전에 했던 행동—홍수로 심판하는 일—을 반복하지 않겠다고 말씀하셨습니다. 앞으로는 어떤 행동을 하지 않겠다고 말씀하신 경우도 있습니다(창 9:11). 하나님이 세상을 다루신 방식이 있었는데, 이제는 그 방식을 사용하시지 않겠다는 말씀입니다.

하나님이 뜻을 돌이키시고 어떤 방식을 더 이상 사용하지 않겠다고 하신 구약의 본문들을 생각해 보면, '하나님이 사과하신다'는 표현도 가능해 보입니다. 이렇게 생각하니 십자가야말로 전쟁을 통해 사람들을 심판하던 예전의 방식에 대해 하나님이 유감을 표하시고 이제는 더 이상 그렇게 하지 않겠다고 선언하신 사건이라는 생각이 들었습니다. 우리는 가나안 정복 전쟁을 가나안 사람들의 죄악에 대한 하나님의 심판으로 이해합니다. 죄인을 직접 죽임으로써 심판하셨다는 것입니다. 그런데 십자가는 다른 방식을 이야기합니다. 그리스도 안의 하나님은 십자가에서 세상의 죄에 대한 심판을 스스로 감당하셨습니다. '하나님의 사과'라는 표현을 사용할 수 있다면, 저는 십자가 사건을 더 이상 전쟁과 폭력으로 심판하지 않겠다는 '하나님의 사과'라고 생각해 보고 싶습니다. 이런 '하나님의 사과'는 지금 이 세상에서 벌어지는 일들에 대해 그리스도인이 어떤 태도를 지녀야 하는지 보여 줍니다. 십자가 이후 우리는 더 이상 전쟁을 하나님의 방법으로 받아들이지 않습니다. 땅을 기업으로 받는 그리스도인의 방법은 도살장에 끌려가는 어린 양처럼 잠잠하며 자신을 내어 주신 그 십자가의 온유함입니다.

저는 기독교 세계관과 관련된 검색을 자주합니다. 그런데 '세계관'이라는 단어를 검색하다 보면 종종 연관 검색어로 '전쟁'이나 '충돌'이 뜹니다. 과연 전쟁이나 충돌이 다른 세계관과 관계 맺는 가장 적절한 방식일까요? 다른 세계관에 하나님의 다스리시는 영역을 빼앗기고 싶지 않아 세계관 전쟁을 불사하고 싶을 수 있습니다. 그런데 이제는 더 이상 힘이나 무례함이 하나님이 다스리시는 땅을 지키는 방법이 아닙니다. 하나님의 땅을 차지하고 지키는 방법은 이제 십자가의 온유함입니다. 팔복에 나오는 '땅을 기업으로 받는다'를 '하나님의 통치를 확보하고 회복한다'는 의미로 이해할 수 있다면, 하나님의 통치를 회복하는 방식은 더 이상 무례하고 폭력적인 전쟁이 아닙니다. 십자가의 온유함이 하나님의 통치를 가져오고 드러내는 길입니다.

일상 속에 스며든 하나님의 공간

팔복의 첫 번째인 심령이 가난한 자의 복은 천국, 즉 하늘나라에 관한 것이었습니다. 그런데 지금 온유한 사람의 복은 땅에 관한 것입니다. 하늘과 땅은 어떤 관계가 있을까요? 우리는 보통 하늘과 땅을 반대되는 것으로 생각하지만, 하늘나라를 소유하는 것은 땅을 차지하는 것과 반대되는 개념이 아닙니다.

우선 '땅을 기업으로 받는다'는 표현이 팔복에 나온다는 사실은 땅이 중요하다는 것을 보여 줍니다. 땅은 일상의 터전입니다. 땅을 기업으로 받는다, 땅을 차지한다는 것은 하나님의 복을 지금 우리의 일상 가운데 경험한다는 것입니다. 앞서 보았듯이, 팔복에서 복된 이유를 설명하는 부분의 시제는 '천국이 그들의 것이다'라는 첫 번째와 마지막 이유만 현재고, 두 번째부터 일곱 번째 이유는 모두 미래입니다. 그 미래는 언제 어디서 이루어지는 것일까요? 우리는 흔히 그리스도인의 궁극의 복을 죽은 다음 천국에 가는 것으로 생각합니다. 그렇지만 현재 천국을 소유한다는 것은, 죽어서 갈 천국 티켓을 가지고 있다는 의미가 아니라, 지금 여기서 하늘의 복을 누린다는 의미입니다. 두 번째부터 일곱 번째 복의 이유들이 미래 시제로 쓰여 있지만 그 미래는 이 땅에서 이루어집니다.

성경에서 말하는 하늘은 하나님의 공간입니다. 하나님의 진짜 현실이 있는 곳을 하늘이라고 부릅니다. 그 하늘은 땅이라고 표현하는 우리의 일상의 현실과 맞물려 있습니다. 하늘과 땅이 맞물려 있기에 땅을 차지한다는 말은 우리의 일상 속에 하나님의 공간이 스며든다는 말이기도 합니다. 이렇게 하늘과 땅이 하나 되는 이야기는 주의 기도에서 다시 확인됩니다. "뜻이 하늘에서 이루어진 것같이 땅에서도 이루어지이다"(마 6:10). 하늘에서 이루어진 뜻이 땅에서도 온전히 이루어질 때 우리는 새 하늘과 새 땅을 경험할 것입니다. 우리가 새 하늘뿐 아니라 새 땅도 경험한다는 것은 우리의 일상이 온전하고 영원히 하나님의 공간이 된다는 것입니다. 그래서 팔복은 이상적이지만 일상을 무시하지 않습니다.

하나님은 온유해서 자기 앞가림을 못하는 대책 없는 사람들을 책임져 주십니다. 하나님은 이 각박한 세상에서 생존하지 못할 것 같은 부드럽고 따뜻한 사람이 살아갈 삶의 터전을 주십니다. 그의 나라와 그의 의를 먼저 구할 때 다른 것들을 채워 주십니다. 그래서 시편 37편은 이렇게 노래합니다. "착한 사람이 버림받거나 그 후손이 구걸하는 것을 나는 젊어서도 늙어서도 보지 못하였다. 그런 사람은 언제나 선선히 꾸어주며 살고 그 자손은 복을 받으리라. 악을 피하고 착한 일을 하여라. 네가 이 땅에서 오래 살리라"(시 37:25-27, 공동번역개정).

예수님은 온유하셨습니다. 다른 사람을 위해 자신의 힘을 통제하는 것이 온유라면 십자가는 그 온유를 가장 잘 보여 줍니다. 그것은 새로운 방식의 승리입니다. 십자가는 구약의 전쟁을 다시 생각해 볼 수 있는 공간을 열어 줍니다. 십자가는 앞으로는 폭력적인 전쟁으로 심판하지 않겠다는 하나님의 돌이키심을 가장 분명히 보여 준 사건입니다. 이것이 평화의 십자가, 평화의 세계관입니다.

땅을 기업으로 받는다는 것은 우리의 일상과 하나님의 공간이 하나 되는 것을 말합니다. 마지막 새 하늘과 새 땅의 약속을 받은 우리는 이미 일상의 땅에서 하나님이 돌보시는 손길을 경험합니다. 그래서 바울은 팔복이 연상될 만한 표현으로 자신의 삶을 고백합니다. "근심하는 자 같으나 항상 기뻐하고 가난한 자 같으나 많은 사람을 부요하게 하고 아무 것도 없는 자 같으나 모든 것을 가진 자로다"(고후 6:10). 이 바울의 고백대로 예수님이 말씀하신 대책 없는 사람이 누리는 행복을 함께 누릴 수 있기를 간구합니다.

5
두 가지 목마름 사이에서

복 있습니다, 정의에 굶주리고 목마른 사람들은! 그들이 배부르게 될 테니까요. 마 5:6

'정의'는 만인, 만국이 다 요구하는 것이나 동시에 만인, 만국이 다 회피, 배퇴*하는 것이다. 모순의 대와 역설의 심함이 이보다 클 것이 없다.[주1]

팔복의 네 번째 복은 욕망에 관한 것입니다. "의에 주리고 목마른 자는 복이 있나니 그들이 배부를 것임이요." 먹고 마시는 것은 원초적 필요이자 욕구입니다. 배부르고자 하는 욕망이야말로 삶의 추진력이기도 합니다. 애통하는 자의 복에 대해 이야기하면서 죽음의 경계를 넘으셨던 예수님을 생각했습니다. 온유한 자의 복에 대해 이야기하면서 하나님의 통치를 이루는 길은 대결이 아니라 십자가의 온유함이라는 사실을 생각했습니다. 이제 네 번째 복에서

▪ 배퇴: 어떤 사상, 의견, 물건 따위를 물리침. 배격.

예수님은 우리의 욕망을 주제로 이야기하십니다.

두 가지 목마름

우리는 아무래도 '의에 주리고 목이 마르다'라는 개역개정과 새번역의 표현에 익숙합니다. 그런데 공동번역개정은 "의" 대신에 "옳은 일"이라고 번역했고, 새한글성경은 "정의"라는 표현을 썼습니다. 가톨릭에서 번역한 두 성경(가톨릭성경, 200주년기념성서)은 모두 "의로움"이라고 번역했습니다. 어찌 보면 비슷한 말들인데, 본문을 이해하는 데 어떤 차이가 생길까요?

여러 번역본이 '의', '정의', '옳은 일', '의로움'으로 조금씩 다르게 번역한 단어는 그리스어로 '디카이오쉬네'입니다. 그리고 개역개정 5:10에 나오는 '의', 6:33("너희는 먼저 그의 나라와 그의 의를 구하라")에 나오는 '의'도 '디카이오쉬네'의 번역입니다. 개역개정에서 보통 '의'라고 번역하는 이 단어는 특히 마태복음에 쓰일 때 어떤 의미일까요?

'디카이오쉬네'에 대해 다양한 풀이가 있지만, 그중 대표적인 두 가지 이해는 의와 정의입니다(NIV

와 NLT 비교). 두 단어에는 어떤 차이가 있을까요? 공식적인 한국어의 의미와 느낌을 확인하기 위해 표준국어대사전을 찾아보았습니다. 의에 대한 국어사전의 뜻풀이 중에서 "사람으로서 지키고 행해야 할 바른 도리", "사람이 마땅히 지키고 행해야 할 도덕적 의리" 정도가 성경의 맥락에 어울리는 것 같습니다. 같은 사전이 제시하는 정의의 뜻 중에는 "진리에 맞는 올바른 도리", 그리고 철학 용어로 "개인 간의 올바른 도리 또는 사회를 구성하고 유지하는 공정한 도리"가 있습니다.

이 사전의 풀이를 기준으로 의와 정의를 비교해 보면, "사람이 마땅히 지키고 행해야 될 도덕적 의리"라는 뜻의 '의'보다는 "사회를 구성하고 유지하는 공정한 도리"라는 의미의 '정의'가 좀 더 사회적인 함의를 지니고 있습니다. 물론 '의'라는 단어도 사회적인 함의를 담아낼 수 있습니다. 사회적으로 옳은 일, 선한 일을 한 사람들을 요새 한국에서는 '의인'이라고 부릅니다. 그렇지만 여전히 그 의미가 개인적인 차원에 제한되는 것 같습니다. 반면 '정의'는 분명하게 사회적인 차원을 다룹니다.

교회에서 사용하는 '의'는 어떤 의미일까요? 국어

사전에 나오는 뜻도 아닌 것 같습니다. 교회에서 의를 말할 때 그 반대말은 죄입니다. 그래서 의인과 죄인이라는 단어가 대조됩니다. 우리는 죄인인데 믿음으로 의인으로 여기지게 되었다는 것입니다. 그래서 '의'라는 단어를 만날 때마다 의롭게 여겨준다는 신학적 의미의 '칭의'를 생각하게 됩니다. 의를 이렇게 생각하면 '의에 주리고 목마르다'는 '자신의 죄의 문제를 그리스도의 의를 통해 해결받기를 갈망한다'는 의미가 됩니다. 그리고 그것은 '내가 구원받기를 갈망한다'는 의미로 이해됩니다.

조금 의미를 확장해서 내가 어려운 상황에도 신앙생활을 열심히 하는 갈망이 의에 대한 갈망이라고 설명하는 경우도 있습니다. 삶이 굉장히 어려울 때 열심히 성경을 읽었던 이야기, 바쁜 와중에도 열심히 기도하며 가졌던 열망들, 이런 것들을 의에 대한 목마름과 배고픔으로 표현하는 경우를 종종 봅니다. 이런 설명은 여기 나오는 '의'가 예수를 믿어 의롭다고 여김을 받게 된 '칭의'에서 끝나지 않고 거룩해지는 '성화'와 관련된 의미까지 담고 있다고 말하는 로이드 존스의 설명과도 어느 정도 닮아 있습니다.[주2] 이런 설명들은 의를 개인적인 차원에서 설명하는 공통점이 있습니다.

'그런데 과연 의가 이렇게 개인적인 차원만 있을까?' 이것이 저의 계속되는 질문이었습니다. 물론 좀 더 포괄적인 설명도 있습니다. 예를 들어 존 스토트는 '의'의 범주를 법적인 의, 도덕적인 의, 사회적인 의로 나누고 본문에 나오는 '의'는 이 세 가지 범주를 다 포함한다고도 말합니다.[주3] 하지만 '의'의 의미에 대해 여러 설명과 적용을 살펴보니 상당히 많은 경우 개인적인 차원에 머무르고 있었습니다. 그런 이해는 찬양에서도 만날 수 있습니다.

"마음이 상한 자를 고치시는 주님"이라고 시작하는 찬양이 있습니다. 이 찬양의 반복되는 후렴은 이렇습니다.

> 의에 주리고 목이 마르니 성령의 기름 부으소서
> 의에 주리고 목이 마르니 내 잔을 채워주소서

마태복음 5:6을 생각할 때 이 찬양이 가장 먼저 떠올랐습니다. 그런데 이 찬양 가사를 묵상하면서 뭔가 이상하다는 생각을 했습니다. '의에 주리고 목이 마르다'라는 표현은 마태복음 5:6에 있는 표현입니다. 그렇다면 이어지는 "그들이 배부를 것임이요"라는 말도 찬양에 나올 법한데 가사에는 그런 표현이 없었습니다. 왜 그런지 궁금했다가 생각해 보니, 영어 성경들은 우리말 성경의 '배부를 것이다'라는 부분을 '채워질 것이다'(filled), '만족할 것이다'(satisfied)라고 번역한 경우들이 있기 때문에, 마태복음 5:6을 염두에 두고 "채워주소서"라는 가사를 썼을 수 있겠다 싶었습니다.

영어 가사를 보면서 흥미로웠던 것 몇 가지가 더 있습니다. 우리말로 "의에 주리고 목이 마르니"라고 번역된 부분의 '의'가 영어로는 '주님의 의'(your righteousness)로 되어 있습니다. 그리고 그 부분과 더불어 성령의 기름을 부으시고 내 잔을 채우시기를 구하는 가사를 영어 표현대로 풀어 보면 '하나님의 의에 주리고 목마르니 나를 당신의 기름과 당신의 포도주로 채워주십시오'(I hunger thirst for your righteousness. Fill me with your oil and your wine) 정도가 됩니다. 여기서 기름은 우리말 가사처럼 성령을 상징하고 포도주는 기쁨을 상징하는 것 같습니다. 그렇다면 이 가사에서 채워지는 것은 성령과 기쁨이고, 그것이 나의 의와 대조되는 하나님의 의라는 의미를 담고 있습니다. 결국 이 찬양도 하나님의 의를 개인적인 차원으로 이해합니다. 저는 이것을 첫 번째 목마름이라 말해 봅니다.

그래서 이 찬양을 듣다가 또 다른 노래가 떠올랐습니다. 그것은 "타는 목마름으로"라는 노래였습니다. 2절 가사는 이렇습니다.

> 살아오는 저 푸른 자유의 추억
> 되살아나는 끌려가던 벗들의 피묻은 얼굴
> 떨리는 손 떨리는 가슴 치떨리는 노여움에
> 서툰 백묵 글씨로 쓴다
> 타는 목마름으로 타는 목마름으로
> 민주주의여 만세

이 노래는 "타는 목마름으로 타는 목마름으로 민주주의여 만세"라는 외침으로 끝납니다. 이 노래는 김지하 시인의 시에 곡조를 붙인 것입니다. 이 시와 노래가 이야기하는 목마름은 사회적인 가치에 대한 갈망입니다. 앞서 이야기한 개인적인 의로움을 추구하는 목마름과는 다른 성격의 목마름입니다. 물론 마태복음 5:6에 있는 목마름이 직접적으로 민주주의에 대한 목마름은 아닙니다. 하지만 그렇다고 5:6에 있는 목마름이 나의 개인적인 죄의 문제만 해결해 주는, 나를 의롭다고 여겨 주는 법적인 의에 대한 목마름만도 아닙니다.

그렇다면 대체 마태복음 5:6이, 그리고 좀 더 넓게 보아 산상수훈과 마태복음이 말하는 의('디카이오쉬네')는 어떤 의미일까요? 좀 길지만 페닝턴은 이렇게 설명합니다.

> 마태복음의 "의"가 무엇을 의미하는지에 대해서 적지 않은 논란이 있어 왔다. 종교개혁 시대 이래로 많은 사람은 바울 서신의 법정적 전가된 의라는 개신교의 이해가 마태복음의 이해라고 여겨 왔다.주4

즉, 바울 서신을 기준으로 마태복음을 읽어 왔다는 이야기입니다. 설명이 계속됩니다.

> 따라서 예를 들어 "의에 주리고 목마름"은 종종 하나님께 전가받은 의 또는 그가 주시는 구원에 대한 갈망으로 해석된다. 그러나 자세히 살펴보면 이 의에 대한 개념의 구약의 뿌리는 단순한 법정적 전가보다 크고 다양한 의미를

가진다. 구약에서 차디크/체다크는 종종 하나님의 언약이라는 문맥 안에서 회복된 [정의]의 개념을 갖는다. 이 언약적 [정의]는 궁극적으로 하나님이 세상을 [정의]롭게 하는 구원 역사이다. 우리는 이에 참여하도록 부름 받으며 그것의 수혜자이다.주5

개역개정에서 '의'로 번역된 그리스어 '디카이오쉬네'는 마태복음의 맥락에서 세상을 바르게 하시는 하나님과 관련된 개념입니다. 그렇게 세상을 바르게 하시는 하나님이 통치하시는 나라에 어울리는 존재양식이 의입니다. 그렇기에 최소한 마태복음에서는 '디카이오쉬네'를 정의로 번역하는 것이 좀 더 적절합니다. 이렇게 의를 조금 더 구체적으로 정의로 이해할 때, 마태복음 5:10의 "의를 위하여 박해를 받은 자는 복이 있나니 천국이 그들의 것임이라"라는 말씀이 자연스럽습니다. 천국은 세상을 바르게 하시는 하나님, 즉 정의를 세우시는 하나님의 나라니, 하나님 나라는 정의를 위해 박해를 받는 사람들의 것입니다. 또한 마태복음 6:33에 '하나님의 나라'와 '하나님의 의'가 함께 나오는 것이 매우 자연스럽습니다. 하나님 나라에 어울리는 삶이 하나님의 정의를 세우는 삶이니까요.

만일 의를 의롭게 여김이라는 교리와 관련된 것으로 이해하면, 마태복음 5:10은 전가된 의를 위해 박해받는다는 이해하기 힘든 말씀이 되어 버립니다. 그나마 박해를 11절의 '나로 말미암아', 즉 예수님 때문에 받는 박해로 이해해서 10절에 나오는 의를 신앙의 지조 같은 것으로 생각할 수 있다면 어느 정도 설명이 되지만, 여전히 단어의 뜻을 너무 뭉뚝하게 만드는 해석입니다. 요컨대, 마태복음의 의는 정의로 번역하는 것이 더 적절하며, 이 사실은 우리의 신앙에 사회적 측면이 있다는 사실을 드러냅니다. 5:12에서 말하는 예언자들이 받은 박해가 여호와 신앙의 사회적 의미를 드러냈다가 받은 것이기도 했습니다.

존 디어(John Dear)라는 분을 소개하려 합니다. 이분은 가톨릭 사제며 평화운동가입니다. 평화와 비폭력에 관한 책을 서른다섯 권 이상 썼습니다. 전쟁과 불의, 빈곤, 환경 문제들에 대해 여러 가지 시민 불복종 시위를 하다가 여든다섯 차례 이상 체포되기도 했습니다. 여러 차례 노벨평화상 후보에도 올랐습니다. 지금은 비폭력 예술을 위한 팔복 센터를 설립하고 디렉터로 일하고 있는데,[주6] 그분이 쓴 책의 제목이 『평화의 팔복』이고 부제는 "팔복, 평화 만들기, 그리고 영적 삶에 대한 묵상"입니다.[주7] 이분도 5:6의 '디카이오쉬네'를 일관되게 '정의'로 번역하면서 페닝턴과 비슷하게 설명합니다.

> 대부분의 번역은 '의'라는 단어를 '하나님 앞에서 바른 것을 행하기'라는 식으로 사용한다. 그런데 그것은 보통 한 사람 개인의 고결함(integrity) 차원만 언급하는 것으로 여겨진다. 하지만 **이 단어는 하나님이 우리에게 요구하시는 사회적, 경제적, 인종적, 정치적 차원의 보편적 '정의'에 대해 말한다.** 의는 단지 선한 것을 개인적으로 실천하는 것이 아니다. 의는 모든 인간이 필요한 것을 가질 수 있도록 확실히 하는, 모든 사람이 다른 모든 사람을 위해 공정한 정의를 추구하고 모든 사람이 서로서로, 창조세계와, 하나님과 바른 관계 속에서 살아가는 것을 확실히 하는 인류 공동체의 지구적 책임을 통틀어 말한다.[주8]

이 설명에는 배워야 할 것과 유의해야 할 것이 동시에 있습니다. 먼저 의가 한 사람의 개인적인 차원만의 문제가 아니라는 지적은 분명히 배워야 할 설명입니다. 의는 사회적이고 경제적이고 인종적이고 정치적인 차원의 보편적인 정의에 관한 것입니다. 반면에 하나님이 그 보편적 정의를 우리에게 요구하신다는 표현은 정의에 대한 일반적인 의미로는 적절하지만 마태복음 5:6의 맥락에서는 조금 벗어나 보입니다. 분명 하나님은 정의를 우리에게 요구하십니다. 그리고 그 요구에 우리는 응해야 합니다. 정의 때문에 박해를 받는 사람의 복을 말하는 마태복음 5:10은 이 사실을 함의합니다. 그런데 5:6에서는 평화를 '만드는' 사람이 복이 있다는 표현처럼 정의를 '세우는' 사람이 복이 있다고 하지 않고(능동적 태도), 정의에 '배고프고 목마른' 사람이 복이 있다고 합니다(수동적 태도). 6절에서 정의는 궁극적으로 하나님이 이루시는 것으로, 사람이 갈망하는 것이지 사람에게 요구되는 것은 아닙니다.[주9]

이런 유의점에도 불구하고 존 디어가 정의를 '경제적, 인종적, 정치적 차원의 보편적 정의'라고 설명한 것은 매우 중요합니다. 5:6에서 말하는 복 있는 사람이 갈구하는 것은 이런 정의입니다. 그리고 하나님은 이런 정의를 이루십니다.

두 가지 목마름을 정리해 봅니다. 의를 개인의 죄

를 해결하는 차원으로 생각하는 경우가 많습니다. 그렇지만 산상수훈에서 의에 목마르다는 것은 그 이상입니다. 예레미야는 '가난한 자와 궁핍한 자를 변호하고 형통하는 것'이 하나님을 아는 모습이라고 말했습니다(렘 22:16). 예수님은 그런 하나님의 아들이시고, 그런 예수님의 제자들은 하나님이 이루실 사회적이고 경제적이고 인종적이고 정치적인 차원의 보편적 정의에 목마른 사람들입니다.

배고픔과 목마름, 그 근원적 욕망

예수님은 하나님 나라의 정의에 대한 갈망을 목마름과 배고픔이라는 인간의 아주 근원적인 욕구로 표현하십니다. 사실 '배고프고 목마르다'는 표현은 성경에 꽤 많이 짝지어 나옵니다. 대표적으로 예수님은 마태복음 25장에서 지극히 작은 자에게 했던 일들이 자신에게 한 일이라고 설명하시면서 "내가 주릴 때에 너희가 먹을 것을 주었고 목마를 때에 마시게 하였고"(35절)라고 말씀하십니다. 이처럼 이 표현의 용례를 찾아보면 진짜 음식을 먹고 마시는 것을 표현할 때 등장합니다. 마태복음 5:6처럼 비유적으로 쓰인 경우는 드뭅니다. 비유적으로 쓰인 또 다른 곳이라면 요한복음 6:35, "나는 생명의 떡이니 내게 오는 자는 결코 주리지 아니할 터이요 나를 믿는 자는 영원히 목마르지 아니하리라" 정도입니다. 먹을 것이 없어 배가 고프고 마시지 못해 목이 마르지, 정의 같은 가치 개념에 목마르다는 표현은 사실 꽤 드뭅니다. 그러니 '배고프고 목마르다'는 표현은 인간의 처절한, 아주 근원에 있는 욕망과 욕구를 생생히 표현합니다. 그리고 그만큼 정의는 예수님의 제자들의 아주 생생한 욕망, 아주 근원적인 필요입니다. 배가 고프도록 먹지 못하고 목이 마르도록 마시지 못하는 것이 가장 절실한 결핍이듯, 정의가 없는 것은 제자들이 경험하는 가장 실존적이고 근원적인 결핍입니다.

저는 『세계관적 성경읽기』에서 21세기 한국 기독교의 자리와 방향에 대해 다섯 가지 제안을 했습니다. 그중 첫 번째가 "지성 너머 욕망의 제자도"입니다. 우리의 사고방식, 우리의 지성뿐 아니라 우리의 욕망, 우리의 욕구 또한 그리스도의 주재권 아래에 놓여야 한다는 것입니다. 우리가 생각하는 것뿐 아니라 우리가 바라는 것, 우리의 입맛이 그리스도의 제자다워야 한다는 것입니다. 제임스 스미스는 이렇게 이야기합니다. "아는 것이 사람을 바꾸지 않고 욕망하는 것이 사람을 바꾼다." 영어로 "You are what you love"라고 표현합니다―당신 존재는 당신이 사랑하는 것이 결정한다.주10 다른 것이 아니라 우리가 무엇을 사랑하는지, 무엇을 욕망하는지, 무엇에 목마르고 무엇에 배고파하는지를 보면 우리가 어떤 존재인지 알 수 있습니다.

팔복은 명령이 아니라 선언입니다. 마태복음 5:6은 정의에 목마르고 배고파하라는 명령이 아닙니다. 예수님의 제자들은 다른 욕망, 다른 입맛을 가지고 있다는 선언입니다. 우리가 욕망하는 것이 우리의 본질입니다. 우리의 정체성입니다. 예수님의 제자들은 하나님의 정의를 욕망합니다. 욕망이라는 단어가 조금 어색하다면 갈망이라고 생각해도 괜찮습니다. 그런데 한 가지 고민이 생깁니다. 예수님의 제자라면 하나님의 정의를 갈망한다고 하는데, 내가 진짜 하나님의 정의를 갈망하는가, 내가 진정 정의에 배고프고 목마른가라는 질문이 생깁니다. 『메시지』의 표현을 빌리자면, "나는 하나님의 정의에 입맛이 당기는가, 하나님의 정의가 내 구미에 맞는가?"

이 질문에 자신 있게 "그렇다"라고 대답할 수 있는 사람은 드물 것입니다. 그렇지만 저는 우리 모두 어느 정도 정의에 대한 감수성과 갈망을 지니고 있다고 생각합니다. 그러니 우리가 부족하다는 생각에 너무 낙심하거나 자괴감을 가질 필요는 없습니다. 하지만 어떻게 하면 좀 더 하나님 나라의 입맛, 하나님의 정의를 바라는 입맛을 가질 수 있을까요?

첫 번째로 하나님의 정의를 더 알아 가는 것입니다. 하나님이 정의로운 분이라는 사실을 더 배워 가는 것입니다. 하나님이 정의로우시다고 이야기할 때, 흔히 죄를 심판하시는 하나님을 생각합니다. 여기에 죄의 사회적인 차원을 깨달아 가는 것이 필요합니다. 편견 없이 성경을 읽으면 이 사실을 놓칠 수 없습니다. 하나님이 정의로우신 분이라는 사실을 조금 더 노골적으로 맞닥뜨리기 위해 소예언서 읽기를 제안합니다. 그것도 현대어 번역으로 읽으면 더 좋습니다. 정의를 세우시고 사람들에게 정의를 요구하시는 하나님을 생생하게 만날 수 있습니다. 그런데 이 방법은 뭔가를 배워 가고 알아 가고 깨달아 간다고 했으니 "지성의 제자도"의 접근 방식 같습니다.

그렇다면 "욕망의 제자도" 방식의 제안을 한 가지 더하고 싶습니다. 그것은 우리의 욕망을 변화시키는 일상을 만들어 내는 것입니다. 어떻게 하면 입맛을 바꿀 수 있을까요? 한 가지 방법은 특정 음식을 자주 먹어 익숙해지는 것입니다. 그러다 보면 그 음식을 좋아하는 입맛이 됩니다. 캐나다에는 "루트비어"(Root Beer: Beer라는 단어가 있지만 맥주는 아닙니다)라는 음료가 있습니다. 캐나다에 처음 온 사람들이 루트비어를 마시면 무척 힘들어합니다. 파스 맛 같다고 하더군요. 그런데 그 음료에는 뭔가 나를 매혹시키는 맛이 있습니다. 그래서 조금 더 마셔 봅니다. 조금씩 더 마십니다. 그러다 결국은 "최애 음료"로 루트비어를 찾는 캐나다 사람의 입맛을 가지게 됩니다. 물론 끝까지 루트비어가 힘든 사람들도 있습니다. 하지만 그런 분들도 "캐나다 드라이"(Canada Dry)라는 생강 맛 음료(Ginger Ale) 정도에는 익숙해질 수 있습니다. 뭔가 자꾸 먹으면 그 음식을 좋아하는 입맛을 가질 수 있습니다. 특히 그 음식이 진짜 매력적인 맛을 가지고 있다면 말이죠.

저는 소위 '초딩 입맛'을 가지고 있습니다. 피자, 라면, 치킨 같은 음식을 매우 좋아합니다. 한국의 4대분식 "떡.튀.순.어."(떡볶이, 튀김, 순대, 어묵)를 다 좋아하는 입맛입니다. 어떻게 하면 건강에 좋은 어른 입맛을 가질 수 있을까요? 어른스러운 음식을 자주 먹는 수밖에 없습니다. 루트비어가 진정한 캐나다 음료라고 아무리 머리로 배워 봐야 소용없습니다. 혀로 직접 맛을 느끼며 계속 마실 때 입맛이 변합니다. 그래서 습관이 중요합니다. 우리의 입맛이 변하기를 원하면 식습관을 바꾸듯, 우리의 욕망이 바뀌기를 원한다면, 그래서 우리의 존재가 바뀌기를 원한다면, 일상의 습관을 바꿔야 합니다. "일상의 예전"을 바꿔야 합니다.

『오늘이라는 예배』를 읽어 보신 적 있습니까?주11 이 책은 일상의 다양한 활동과 행위들이 어떤 "예전적 의미"(liturgical significance)를 지니고 있는지 살펴봅니다. 우리는 잠에서 깨면서 하루를 시작합니다. 아직 아무 일도 본격적으로 시작하지 않았습니다. 하지만 마치 예수님이 본격적인 사역을 시작하시기 전에 세례를 받으며 하나님의 사랑하시는 아들이라는 말씀을 들으셨던 것처럼, 우리는 하나님이 사랑하시는 존재로 하루를 시작합니다. 이것이 잠에서 깨는 일상의 예전입니다. 하루를 지내다 보면 가족이나 친구와 다투기도 합니다. 인류와 세계의 평화를 추구하지만 가장 가까이 있는 사람에게는 소리를 지르는 자신의 앞뒤가 다른 모습을 돌아봅니다. 이런 우리가 예배 중에 평화의 인사를 나누며 다시금 평화를 만드시는 예수님을 곱씹습니다. 우리는 일상의 삶을 통해 세상에 "그리스도의 평화가 당신께 임하기를"이라고 평화의 인사를 건넬 수 있어야 합니다. 가까운 사람과의 다툼이 일상에서 평화를 이루는 일의 중요성과 평화의 인사를 전하는 예전이 지닌 형성의 힘을 되짚는 계기가 됩니다.

하루를 마감하는 수면은 우리가 사랑하는 것, 우리가 신뢰하는 것이 무엇인지 드러냅니다. 사랑하는 사람, 사랑하는 것 때문에 잠을 줄이기도 합니다. 하나님을 신뢰하지 못할 때 우리는 잠을 잊어버리곤 합니다. 잠을 자야 하는 존재라는 사실은 우리의 한계를 보여 줍니다. 수면은 기계처럼 쉼 없이 살아가며 피조물로서의 한계를 벗고 무한 성취를 욕망하는 우리에게 잠이라는 작은 죽음을 통해 우리가 죽는 존재라는 사실을 상기시킵니다. 잠자리에 들면서 방문을 닫고, 이를 닦고, 물 한잔을 마시고, 불을 끄고, 이불 속으로 들어가, 온기를 느끼며 눈을 감고 잠을 청하는 매일의 반복은 우리의 사랑과 신뢰의 근원이 어디에 있는지를 확인하는 일상의 예전입니다.

이 책에서 다루는 이러한 일상의 일들로는 이미 이야기한 것들 외에, 침대 정리, 이 닦기, 열쇠 분실, 남은 음식 먹기, 이메일 확인, 교통 체증 버티기, 친구와 통화하기, 차 마시기 등이 있습니다. 저는 여기에 정의를 구하는 우리의 갈망을 키우는 뉴스 읽기/보기라는 일상을 더하고 싶습니다. 신문을 통해서건, 텔레비전을 통해서건, 유튜브를 통해서건, 세상의 소식을 들으며 어그러진 세상의 불의와 아픔을 간접적으로나마 경험합니다. 그럴 때마다 불의와 아픔을 품고 세상을 바로 세우시는 하나님께 정의를 구하는 간구를 드립니다. 또한 이 창조세계 속에서 인류 공동체가 어떻게 서로 연결되어 모든 피조물과 바른 관계 속에서 살아갈 수 있을지 곱씹어 봅니다. 하나님의 정의를 위해 우리 몸을 직접 움직이는 일에 관여하게 되기도 합니다.

아는 것이 사람을 바꾸지 않고 욕망하는 것이 사람을 바꿉니다. 마태복음 5:6은 하나님의 정의를 이해하는 사람이 아니라, 하나님의 정의를 설명하는 사람이 아니라, 하나님의 정의를 갈구하는 사람, 욕망하는 사람이 예수님의 제자임을 선언합니다. 하나님의 정의가 존재의 본질적 욕구인 사람이 예수님의 제자입니다.

함께 배부름

정의에 대한 배고픔과 목마름과 관련해 던지는 마지막 질문이 있습니다. 앞서 언급했던 존 디어도 같은 질문을 길게 던집니다. 과연 불의가 가득한 이 세상에서 우리는 어떻게 만족을 진정성 있게 말할 수 있을까요?

가장 먼저 확인할 것이 있습니다. 본문에 나오는 배부름은 종교적 만족감이 아닙니다. 세상의 불의는 그대로 있는데 주님의 구원을 배고파하면서 신앙 행위를 열심히 했더니 종교적인 만족감이 생긴, 이런 경험을 말하는 것이 결코 아닙니다. "종교는 아편이다"가 바로 이런 경험과 생각을 묘사하는 표현입니다. 종교적 만족감에 빠져 세상의 불의에 무뎌지거나 심지어 불의를 받아들인다면, 그런 만족감, 그런 배부름은 아편입니다.

정의에 배고프고 목마른 사람들이 배부르게 된다는 것은 그들이 배고파하고 목말라하던 상황이 바뀐다는 말입니다. 이미 하나님의 입맛을 지닌 예수님의 제자들은 자신의 시각이 변화되는 정도로 배부를 사람들이 아닙니다. 정의는 관계의 문제이기에 혼자서 정의를 맛볼 수 없습니다. 예수님의 입맛을 지닌 제자들이 배부르게 되는 것은 바뀐 상황 속에서 다른 사람과 정의를 실제로 맛볼 수 있기 때문입니다. 그래서 예수님의 제자들의 배부름은 다른 사람과 함께하는 배부름입니다. 주님이 가르쳐 주신 기도에서 **우리에게** 일용할 양식을 달라고 구하듯, 주님이 말씀하시는 배부름은 우리 모두의 배부름입니다. 언제 그렇게 될까요? 세상이 정의로워질 때 진정한 배부름을 경험합니다. 정의에 배고팠던 사람들이 배부를 것이라는 약속은 세상을 바로잡으신다는 하나님의 약속입니다.

그래서 이 복은 애통하는 자가 위로를 받을 것이라는 복과 비슷합니다. 참된 위로와 참된 배부름은 공동체가 유익을 누릴 때 경험합니다. 예수님의 제자들은 개인을 넘어선 공동체를 위한 약속, 온 세상을 위한 약속이 복으로 느껴지는 사람들입니다.

우리는 두 가지 목마름 앞에 서 있습니다. 하나는 개인의 종교적 만족감을 구하는 목마름이고, 또 하나는 하나님의 정의가 바로 서는 것을 구하는 목마름입니다. 우리의 갈증은 어떤 욕망에 대한 갈증입니까? 예수님의 제자들이 느끼는 목마름은 하나님이 이루실 보편적 정의를 갈구하는 것입니다.

우리의 제자도는 아는 것으로 시작할 수 있지만 아는 것에서 멈출 수는 없습니다. 욕망이 바뀌어야 합니다. 우리가 사랑하는 것이 우리의 존재를 드러내기 때문입니다. 하나님 나라의 입맛, 하나님의 정의의 입맛을 지니기 위해 우리에겐 일상의 예전이 필요합니다. 우리는 함께 배부르고 싶습니다. 그럴 때만 진정한 배부름을 경험합니다. 그 배부름을 위해 세상을 바로잡겠다고 예수님이 약속하십니다. 그 약속의 참 맛을 더 진하게 느껴 가는 우리 모두가 되기를 바랍니다.

6
자비의
반대말,
제사

복 있습니다, 불쌍히 여기는 사람들은! 그들이 불쌍히 여김을 받을 테니까요. 마 5:7

조그만 자비가 심판을 이긴다고 한다. 이것이 복음이 아니고 무엇인가.[주1]

팔복의 다섯 번째 복은 "자비한 사람은 복이 있다. 하나님이 그들을 자비롭게 대하실 것이다"(새번역)입니다. 어떤 사람이 자비로운 사람일까요? 반대로 어떤 사람이 자비롭지 않은 사람일까요? 자비의 반대말로는 무자비, 잔인, 포악, 냉정 등이 생각납니다. 어떤 사람들은 정의가 자비의 반대라고 말하기도 합니다. 정의롭게 대하자면 벌을 받아야 하는 사람에게 벌을 내리지 않는 것이 자비를 베푸는 것이라 생각해서 자비와 정의를 대조합니다. 그런데 저는 이 다섯 번째 복에 대해 묵상하면서 자비의 반대는 제사라고 생각하게 되었습니다. 이 장에서는 주로 그 이유를 함께 생각해 보려 합니다.

개역개정이 '긍휼히 여기다'라고 번역한 부분을 새한글성경은 '불쌍히 여기다'라고 번역했습니다. 다른 번역들은 '자비'라는 표현을 사용했습니다(새번역, 공동번역개정, 가톨릭성경, 200주년기념성서). 성경에 많이 나와서 그리스도인들에게 익숙하지만, 긍휼은 사실 비그리스도인들이 잘 사용하지 않는 단어입니다. 국립국어원 표준국어대사전은 긍휼을 "불쌍히 여겨서 돌보아 줌"이라고 설명했습니다. 반면에 자비는 "남을 깊이 사랑하고 가엾게 여김 또는 그렇게 여겨서 베푸는 혜택"이라고 뜻을 풀었습니다. 뜻이 크게 차이가 나지는 않지만, 이 장에서는 그리스도인만 사용하는 긍휼보다 자비를 주로 사용하려 합니다. 자비라는 단어를 사용할 때, 성경 전체의 용례를 좀 더 잘 관찰할 수 있기도 합니다.

자비의 반대말 제사

마태복음에서 '자비를 베풀다'라는 동사(그리스어로 '엘레에오')를 찾아보면 예수님께 불쌍히 여겨 달라고, 자비를 베풀어 달라고 외치는 사람들을 만납니다(개역개정은 주로 '불쌍히 여기다'라고 번역했습니다). 시각장애인 두 명이 예수님을 따라오는 자신들을 불쌍히 여겨 달라고 외칩니다(9:27). 가나안 여자가 딸이 귀신들렸다면서 자신을 불쌍히 여겨 달라고 합니다(15:22). 어떤 사람이 귀신들려 간질로 고생하는 아들을 불쌍히 여겨 달라고 합니다(17:15). 또 다른 시각장애인 두 명이 지나가는 예수님께 소리 지르며 불쌍히 여겨 달라고 합니다(20:30-31). 이들의 외침을 듣고 예수님은 그들의 바람을 들어주십니다. 시각장애인은 보게 되었고, 우여곡절이 좀 있었지만 딸과 아들은 결국 치유되었습니다. 예수님은 자비를 베푸시는 분입니다.

사람이 베푸는 자비에 관한 이야기도 있습니다. 마태복음 5:7은 자비로운 사람을 이야기합니다.[주2] 마태복음 18장에서는 용서에 대한 베드로의 질문에 이어 임금에게 일만 달란트 빚진 사람이 자신에게 백 데나리온 빚진 사람을 불쌍히 여기지 않아 임금의 진노를 사는 이야기가 나옵니다(18:21-35). 마태복음 23장에서 예수님은 바리새인들이 십일조를 꼼꼼하게 드리지만, "정의와 자비와 신의와 같은 율법의 더 중요한 요소들"(23:23, 새번역)은 버렸다고 비판하십니다. 자비는 그리스도인의 삶에 빠질 수 없는 핵심입니다. 특히 마태복음 9장과 12장은 제사보다 자비가 하나님이 원하시는 것이라고 확언합니다.

마태복음 9:9-13은 예수님이 마태를 제자로 부르시는 장면입니다. 예수님이 자신을 따르라고 마태를 부르시자 바리새인들이 그것을 보고 "어찌하여 너희 선생은 세리와 죄인들과 함께 잡수시느냐"(9:11)라고 묻습니다. 그러자 예수님은 이렇게 대답하십니다. "건강한 자에게는 의사가 쓸 데 없고 병든 자에게라야 쓸 데 있느니라"(9:12) 그리고 이어서 "너희는 가서 내가 긍휼을 원하고 제사를 원하지 아니하노라 하신 뜻이 무엇인지 배우라"라고 말씀하십니다(9:13). 이때 개역개정의 '긍휼'은 '자비'와 같은 단어입니다(그리스어로 '엘레오스'). 새번역은 "내가 바라는 것은 자비요, 희생제물이 아니다", 공동번역개정은 "내가 바라는 것은 동물을 잡아 나에게 바치는 제사가 아니라 이웃에게 베푸는 자선이다"라고 좀 더 풀어 번역했습니다. 우리는 여기서 자비의 반대말을 만납니다. 예수님이 알려 주시는 자비의 반대말은 무자비, 잔혹, 엄격함이 아니라 제사입니다.

"내가 긍휼을 원하고 제사를 원하지 아니하노라"

라는 말씀은 호세아 6:6을 인용한 것입니다. 호세아 6:6을 인용하는 마태복음 본문이 한 군데 더 있습니다. 그것은 안식일에 이삭을 잘라 먹은 제자들의 이야기가 담긴 12장입니다. 안식일에 밀밭 사이를 지나가던 제자들이 밀 이삭을 잘라 먹었습니다. 배가 고팠기 때문입니다. 그러자 그 모습을 본 바리새인들이 제자들이 안식일을 어겼다고 비판합니다. 그때 예수님은 "나는 자비를 원하고 제사를 원하지 아니하노라 하신 뜻을 너희가 알았더라면 무죄한 자를 정죄하지 아니하였으리라"(12:7)라고 답변하십니다. 하나님이 원하시는 것은 제사가 아니라 자비입니다. 제사가 자비의 반대말입니다.

신약성경에서 호세아 6:6을 인용하는 부분은 지금 살펴본 마태복음 9장과 12장, 딱 두 군데입니다. 9:13에 나오는 "의인을 부르러 온 것이 아니요 죄인을 부르러 왔노라"라는 말씀은 다른 복음서에도 나오지만, 다른 복음서는 호세아서를 인용하지 않습니다. 이 점에서 호세아서를 인용하는 것은 마태복음만의 특징입니다. 그렇다면 호세아 6:6을 인용하는 두 본문의 공통점을 생각해 봅니다. 두 본문 다 예수님이 죄인 또는 배고픈 자와 무언가를 먹습니다.

예수님과 함께했던 사람들은 죄인 취급을 받던 사람들입니다. 9장에서 바리새인은 예수님과 함께 먹었던 사람들을 아무런 거리낌 없이 죄인이라고 부릅니다(9:11). 심지어 마태도 그런 인식을 그대로 반영합니다(9:10). 12장에서 배고픈 제자들이 밀밭 사이로 가다가 밀 이삭을 잘라 먹었습니다. 바리새인들의 비판은 그들이 안식일을 범한 죄인이라고 고발하는 셈입니다. 죄인으로 취급받는 사람들의 또 다른 공통점이 있습니다. 그들은 배고픈 사람들이었습니다. 제자들이 밀을 까먹는 사건은 마가복음 2장과 누가복음 6장에도 나옵니다. 하지만 흥미롭게도 마태복음만 제자들이 배가 고팠다고 명확히 알려 줍니다. 마태는 제자들의 배고픔을 중요하게 다룹니다. 먹는 것뿐 아니라 무언가 실존적인 필요가 있는 사람들, 그래서 그 실존적인 필요를 채우려는 사람들은 그야말로 배고픈 사람들입니다.

이렇게 관찰한 것들을 모아 하나의 그림을 그려 봅니다. 마태복음만 호세아서를 인용합니다. 제자들이 배고팠다고 말합니다. 그리고 호세아서를 인용하는 맥락은 전부 다 "죄인 논쟁"이라고 부를 만한 본문들입니다. 그리고 그런 본문이 인용하는 호세아

6:6은 하나님이 제사가 아니라 자비를 원하신다고 선언합니다.[주3] 배고픔, 죄인 논쟁, 자비의 연관은 매우 흥미롭고 중요합니다.

하나님이 제사를 원하시는 분인지 자비를 원하시는 분인지는 배고픈 사람들의 삶에 결정적인 차이를 가져옵니다. 우선 제사의 의미를 살펴봅니다. 독일성서공회 해설성경은 마태복음 9:13에 나오는 제사의 의미를 이렇게 설명합니다. "여기서 제사라는 낱말은 성전에서 드리는 제의적 제사만을 가리키는 것이 아니라 **형식적인 율법 준수와 제의적 종교 의식에 바탕을 둔 모든 경건 실천을 가리킨다**"(강조는 저자). 그리고 배고픔에 대해서는, 배고픔을 실존에 필요한 것에 대한 결핍으로 생각해 볼 수 있다고 말씀드렸습니다. 그렇다면 우리가 제사, 즉 여러 "형식적인 율법 준수와 제의적 종교 의식에 바탕을 둔 모든 경건 실천"에 토대해 죄인이라고 정죄하는 사람은 사실 배고픈 사람일 뿐입니다. 이때 우리가 해야 하는 것은 정죄가 아니라 자비입니다. 하나님은 제사가 아니라 자비를 원하시기 때문입니다.

배고픈 사람에게 필요한 것은 그가 죄인이냐 아니냐의 논쟁이 아닙니다. 논쟁을 통해 그의 죄를 드러내는 것이 아니라 그의 필요를 채우는 자비가 필요합니다. 그런데 이렇게 배고픈 사람의 필요를 채우는 자비가 제사를 부정하는 것처럼 보일 수 있습니다. 고픈 배를 채웠던 제자들은 안식일을 범했다고 고발을 당했습니다. 죄인과 같이 식사를 하면 쑥덕거림의 대상이 됩니다. 그러나 배고픈 사람의 필요를 채우는 것이 신앙의 금기를 깨는 것이라 해도, 그래서 기독교의 정체성을 잃어버리는 것 같아 보여도, 그 필요를 채우는 자비를 하나님은 원하십니다.

제가 방금 쓴 마지막 문장은 모순 또는 좋게 말해 역설입니다. 수식하는 말들을 빼고 뼈대만 남기면, 기독교의 정체성을 잃어버리는 것을 하나님이 원하신다고 이해할 수 있으니까요. 하지만 이 문장을 정밀하고 정확하게 표현하면 이렇습니다. '배고픈 사람의 필요를 채우는 어떤 행위는 기독교의 정체성을 깨는 것처럼 보일 수 있다. 하지만 그런 행위야말로 하나님이 원하시는 행위, 즉 기독교의 진짜 정체성을 지키는 행위다.' 제사가 신앙을 지키는 것 같지만, 사실 신앙을 지키는 하나님의 방식은 자비입니다.

자비, 하나님의 핵심 성품

출애굽기 34장에서 하나님은 자신의 성품을 친히 알려 주십니다. "여호와께서 그의 앞으로 지나시며 선포하시되 여호와라 여호와라 자비롭고 은혜롭고 노하기를 더디하고 인자와 진실이 많은 하나님이라. 인자를 천대까지 베풀며 악과 과실과 죄를 용서하리라"(출 34:6-7상). 하나님이 어떤 분인지에 대해 가장 정확하고, 가장 심오하고, 가장 강력하게 선포하는 말씀입니다. 그런데 이 놀라운 선포 다음에 "그러나 벌을 면제하지는 아니하고 아버지의 악행을 자손 삼사 대까지 보응하리라"라는 말씀이 이어집니다(출 34:7하). 사실 이 뒤의 말씀이 없다면 하나님의 자비로우심에 대해 이야기하기가 훨씬 편하겠다는 생각을 종종 합니다.

그래서 이 본문을 이야기할 때면 벌을 면제하지 않고 악행을 보응하신다는 말씀은 빼고 인자를 천대까지 베풀며 용서하신다는 말씀만 다루고 싶은 마음이 많이 듭니다. "아버지의 악행을 자손 삼사 대까지 보응하리라"라는 말씀은 하나님의 자비의 위대함을 축소시키는 것 같습니다. 하지만 있는 그대로 비교해 보자면, 하나님의 인자는 천 대까지고 하나님의 보응은 삼사 대까지니, 이 둘의 숫자만 비교해 보면 보응은 인자의 0.35퍼센트 크기입니다. 하나님이 악의 값을 치르게 하시지만, 자비로운 하나님의 인자는 그것을 압도합니다. 악에 대한 하나님의 보응을 강조하고 싶다면, 하나님의 자비는 산술적으로 그보다 300배 강조해야 합니다.

이 장을 시작하면서 긍휼과 자비의 사전 의미를 살펴보았지만, 출애굽기 34장을 비롯해 성경이 말하는 하나님의 자비는 사전에 나오는 의미로 충분하지 않습니다.[주4] 긍휼이란 "흘러넘치는 사랑을 주체하지 못하시는 하나님께서 한없이 약하고 악한 사람들을 대할 때 보여 주시는 태도"라는 옥한흠 목사님의 설명은 매우 인상적입니다.[주5] 특히 하나님이 약한 사람들뿐 아니라 악한 사람들에게도 자비를 베푸신다는 사실은 매우 중요합니다. 이 사실을 놓치면 우리는 하나님의 자비를 불편해하는 사람이 됩니다(이 주제는 조금 뒤에 자세히 생각해 보겠습니다).

흘러넘치는 사랑을 주체하지 못하시는 하나님의 자비는 인간과 자신을 동일시한 성육신에서 가장 극명하게 드러납니다.[주6] 신약성경에 자비롭다는 형용

사는 두 번 나옵니다(그리스어로 '엘레에몬'). 그중 하나가 마태복음 5:7의 첫 부분이고, 나머지 하나가 자비와 성육신을 연결한 히브리서 2:17입니다. 이 구절은 하나님의 자비를 이렇게 설명합니다. "그러므로 그는 모든 점에서 형제자매들과 같아지셔야만 했습니다"(새번역). 예수님이 성육신하시고 우리와 동일시되어야만 했던 이유가 있습니다. 그것은 "하나님 앞에서 자비롭고 성실한 대제사장이 되심으로써, 백성의 죄를 대신 갚으시기 위한 것"(새번역)이었습니다. 예수님의 자비로우심은 성육신의 목적을 이루는 핵심 성품이었습니다. 자비는 상대의 처지를 나의 처지로 여기는 동일시에 뿌리를 둡니다.

자비는 신약의 몇몇 서신서에서 은혜와 평화와 함께 인사말에 등장하기도 합니다. "하나님 아버지와 우리 주 그리스도 예수께서 내려주시는 은혜와 자비와 평화가 그대에게 있기를"(딤전 1:2; 딤후 1:2. 새번역)[주7]. "하나님 아버지와 아버지의 아들 예수 그리스도께서 내려주시는 은혜와 자비와 평화가 진리와 사랑으로 우리와 함께 있기를"(요이 1:3). 유다서에서 자비가 인사말 맨 처음에 나오기도 합니다. "자비와 평화와 사랑이 여러분에게 가득하기를"(유 1:2, 새번역).

하나님의 자비는 은혜와 평화만큼이나 중요한 주제입니다.

하나님의 자비가 불편한 사람

하나님은 약한 사람뿐 아니라 악한 사람에게도 자비를 베푸십니다. 이 사실을 놓치면 하나님의 자비를 불편해하는 사람이 됩니다. 요나가 그런 사람이었습니다. 악한 니느웨에 말씀을 선포하라는 하나님의 부르심을 피해 도망간 요나는 폭풍우를 만나 결국 바다에 던져졌고, 깊은 바다 속에서 자신의 생명을 건지신 하나님께 감사하며 이렇게 기도합니다.

> 나는 감사하는 목소리로 주께 제사를 드리며 나의 서원을 주께 갚겠나이다. 구원은 여호와께 속하였나이다. (욘 2:9)

이 기도에도 제사가 나옵니다. 그런데 하나님이 자기에게 자비를 베풀어 주신 것에 감사했던 요나는 하나님이 니느웨에게 자비를 베푸신 것은 매우 못마땅해 하며 화를 냅니다(욘 4:1). 그리고 이렇게 불평

합니다.

여호와여 내가 고국에 있을 때에 이러하겠다고 말씀하지 아니하였나이까. 그러므로 내가 빨리 다시스로 도망하였사오니. (욘 4:2a)

그는 이어서 출애굽기 34:6을 인용하며 자신이 하나님의 부르심에 응하지 않았던 이유를 설명합니다.

주께서는 은혜로우시며 자비로우시며 노하기를 더디하시며 인애가 크시사 뜻을 돌이켜 재앙을 내리지 아니하시는 하나님이신 줄을 내가 알았음이니이다. (욘 4:2b)

요나는 지금 이렇게 말하는 셈입니다. "제가 가서 조금이라도 니느웨 사람한테 하나님에 대해 이야기하면, 그래서 니느웨 사람들이 조금이라도 돌이키면 자비가 흘러넘치는 하나님이 그들을 용서해 주실 텐데, 그런 일이 벌어지는 건 제가 너무 싫거든요. 그래서 제가 안 간 것 아닙니까." 화를 내던 요나는 차라리 죽여 달라고까지 말합니다.

여호와여 원하건대 이제 내 생명을 거두어 가소서. 사는 것보다 죽는 것이 내게 나음이니이다. (욘 4:3)

이렇게 하나님의 자비가 못마땅한 요나에게 하나님은 "네가 성내는 것이 옳으냐?"라고 물으십니다(욘 4:4). 요나는 자기에게 베풀어지는 자비에는 깊은 감사를 드렸지만 자기가 싫어하는 사람들에게 베풀어진 하나님의 자비는 정말 죽을 만큼 싫었습니다. 그런 요나에게 하나님은 박넝쿨 사건을 통해 사람과 창조세계를 아끼는 자신의 마음을 알려 주십니다.

요나는 니느웨를 빠져나와 성읍의 운명을 보기 위해 초막을 짓고 그 그늘 아래 앉습니다. 이런 요나에게 하나님은 뜨거운 해를 가리는 박넝쿨을 주십니다. 요나는 기분이 매우 좋았습니다(욘 4:6). 하지만 하나님이 그것을 벌레로 갉아 먹게 하시고 뜨거운 열풍이 불어오게 하시자 기절할 지경이 된 요나는 차라리 죽는 것이 낫겠다며 또 화를 냅니다. 요나에게 화내는 것이 옳은지 하나님이 다시 물으시자, 요나는 또 화를 내면서 이렇게 말합니다. "옳다뿐이겠습니까? 저는 화가 나서 죽겠습니다"(욘 4:9, 새번역). 다른 사람에게 베풀어진 하나님의 자비가 못마땅해

화를 냈던 요나는 지금 자기에게 베풀어졌던 자비가 사라지자 화를 냅니다. 하나님의 자비는 나만을 위한 것이어야 합니다. 다른 사람들, 특히 내가 보기에 악한 사람들에게 하나님이 자비를 베푸시는 것은 있을 수 없는 일입니다. 그런 하나님의 자비는 매우 불편합니다. 이것은 요나만의 모습이 아닙니다.

바리새인들은 안식일에 제사를 무시하면서 죄를 사하시는 예수님이 불편했습니다. 배가 고파 안식일에 밀 이삭을 잘라 먹은 제자들을 정죄했던 바리새인들에게 예수님은 하나님이 원하시는 것이 제사가 아니라 자비라는 사실을 짚어 주셨습니다(마 12:1-8). 이 이야기가 끝나고 12:9-14에는 예수님이 안식일에 손 마른 사람을 고치시자 바리새인들이 그렇게 제사를 무시하고 자비를 베푸신 예수님을 어떻게 죽일지 의논하는 이야기가 나옵니다. 이 본문과 평행인 마가복음 3:1-6에는 바리새인들의 태도에 대한 예수님의 감정 반응이 좀 더 생생하게 묘사되어 있습니다. 사람들은 예수님을 고발하기 위해 예수님이 안식일에 손 마른 사람을 고치시는지 주시합니다(막 3:2). 예수님은 그 사람에게 일어나라고 하신 다음 사람들에게 묻습니다. 안식일에 선을 행하는 것과 악을 행하는 것, 생명을 구하는 것과 죽이는 것 중 어느 것이 옳은지. 그런데 이 질문을 받은 바리새인들이 꿀 먹은 벙어리가 됩니다(3:4). 바리새인들의 그런 완고한 모습을 보시고 예수님은 화를 내며 탄식하십니다(3:5). 이들이 아무 말도 하지 못한 것은 아무리 안식일이라 해도 선을 행하고 생명을 구하는 것이 더 중요하다는 사실을 알았기 때문일 것입니다. 그럼에도 차마 말을 하지 못하는 모습에 분노하시고 한 손 마른 사람의 손을 고쳐 주십니다. 그러자 바리새인들은 자비를 베푸시는 예수님, 자비를 위해 제사를 무시하신 예수님을 어떻게 죽일지 의논합니다.

왜 그렇게 하나님의 자비가 불편했을까요? 우리도 하나님의 자비를 불편해할까요? 자비에 관한 또 다른 본문 중에는 일곱 번을 일흔 번까지 용서하라는 말씀이 있습니다. 사실상 끝없이 용서하는 자비입니다. 그런데 하나님의 무한한 용서의 자비가 자신들의 신앙 체계를 무너뜨리는 것 같을 때, 그동안 열심히 쌓아 왔던 자신의 경건의 모습을 무시한다고 생각할 때, 우리는 하나님의 자비를 불편해합니다, 분노합니다. 내가 받는 자비는 감격하고 감사하지만,

다른 사람에게 주어지는 자비는 불손하고 불편합니다. 죄인에게 베풀어지는 자비는 정의를 무시하고 질서를 무너뜨리는 것 같아 불안합니다. 잘못했으면 벌을 받아야 하고, 그래야 이 세상이 제대로 선다고 생각합니다. 정의와 자비가 대립한다 생각합니다. 그래서 자비로운 사람의 복을 7절에서 확인하고도 '아니야, 그래도 정의가 지켜져야지'라고 생각하며, 심판으로 표현되는 정의를 자비가 무디게 하는 것 같을 때면 불안해합니다.

이런 점에서 자비와 정의의 관계는 매우 섬세히 다루어야 합니다. 자비로운 사람의 복 앞에 정의를 갈망하는 사람의 복이 나왔습니다. 이 두 구절이 서로 충돌할 리 없습니다. 정의를 갈망하는 것과 자비로운 사람이 되는 것은 모순이 아닙니다. 어떻게 그럴 수 있을까요? 하나님은 정의와 자비를 십자가의 자기희생을 통해 함께 품으셨습니다. 구체적인 모습은 각자 다르겠지만, 자비와 함께 정의를 세우고 싶다면 우리에게도 자기희생이 요구됩니다.

하나님의 자비가 불편한 또 다른 이유는 하나님의 자비가 나를 죄인들과 같은 부류로 취급한다는 느낌을 주기 때문입니다. 성경에 나와 있는 표현을 사용한다면 '자기를 의롭다고 믿고 다른 사람을 멸시하기' 때문에 자비가 불편합니다. 누가복음 18:9-14에 스스로 의롭다고 믿고 남을 멸시하는 사람들에게 예수님이 말씀하신 비유가 나옵니다. 두 사람이 기도하러 성전에 올라갑니다. 한 사람은 바리새인이고 한 사람은 죄인의 대명사인 세리였습니다. 바리새인이 기도합니다. "하나님 감사합니다. 나는, 남의 것을 빼앗는 자나, 불의한 자나, 간음하는 자와 같은 다른 사람들과 같지 않으며, 더구나 이 세리와는 같지 않습니다"(눅 18:11, 새번역). 그런데 "세리는 멀찍이 서서, 하늘을 우러러볼 엄두도 못 내고, 가슴을 치며" 하나님께 간신히 읊조립니다. "하나님 이 죄인에게 자비를 베풀어 주십시오"(13절, 새번역).

하나님의 자비가 불편한 이유는 세리를 우리와 동격으로 취급하는 것 같기 때문입니다. 우리가 스스로 의롭다고 확신하고 남을 멸시할 때 하나님의 자비는 끝없는 불편함으로 우리에게 다가옵니다. 그래서 그 하나님의 자비가 불편해지면, 결국 그 불편함을 없애기 위해 예수를 십자가에 못 박습니다. 그리고 제사로 자비를 대신하려 합니다.

제사로 자비를 대신하려는 신앙

하나님이 제사가 아니라 자비를 원하신다는 구절 외에도 자비에 대한 마태복음의 나머지 구절들은 하나님의 자비에 대한 '내로남불'의 태도를 아주 날카롭게 지적합니다. 한마디로 용서하지 않으면 용서가 없다고 경고합니다. 사람들에게 자비롭지 않으면 하나님의 자비를 경험하지 못할 것이라고 경고합니다. 마태복음 5:7도 그렇습니다. 자비를 베푸는 자가 자비를 입을 것이라고 이야기합니다. 자비를 베푸는 것과 자비를 입는 것의 순서를 놓치지 말아야 합니다. 자비를 베푸는 것이 먼저입니다.

마태복음 6:12-15의 주제는 용서입니다. 이 본문에 '자비'라는 단어가 직접 나오지는 않지만, 용서와 자비는 깊은 관련이 있습니다. 주의 기도의 마지막 부분인 이 구절에서 예수님은 "우리가 우리에게 죄 지은 자를 사하여 준 것 같이 우리 죄를 사하여 주시옵고"(6:12)라고 기도하라 하십니다.주8 이 표현에서 용서의 순서에 주목해야 합니다. 우리가 다른 사람을 용서하는 본을 따라 하나님이 우리를 용서하신다고 말씀합니다. 13절에서 주의 기도가 마무리된

후에도 14-15절은 12절에 나온 용서의 순서를 혹시라도 놓쳤을까 봐 다시금 확인합니다. "**너희가 사람의 잘못을 용서하면** 너희 하늘 **아버지께서도 너희 잘못을 용서하시려니와 너희가** 사람의 잘못을 **용서하지 아니하면** 너희 **아버지께서도** 너희 잘못을 **용서하지 아니하시리라**"(마 6:14-15). 우리가 다른 사람을 용서할 수 있으려면 하나님의 용서를 먼저 경험해야 한다는 식으로 생각해 왔습니다(요 15:12 참조). 그러나 마태복음 6장은 분명히 합니다. 사람 사이의 용서가 하나님의 용서의 토대입니다.

마태복음 18장에서 예수님은 용서의 한계를 묻는 베드로에게 일곱 번을 일흔 번까지라도 용서하라 말씀하시고 만 달란트의 빚을 면제받은 사람이 백 데나리온을 빌려간 사람을 감옥에 가둔 이야기를 들려주십니다. 달란트는 금이나 은의 무게를 재는 단위였는데, 은 한 달란트는 육천 데나리온에 해당했습니다. 한 데나리온이 노동자의 하루 품삯이라면, 은 만 달란트는 한 노동자가 20만년(!) 동안 일해야 벌 수 있는 돈입니다.[주9] 2023년 한국의 최저 시급을 연 2천 5백만 원 정도라고 생각하면 은 만 달란트는 5조원이 됩니다.[주10] 삼성전자 이재용 회장의 재산이 약 7조 원, 도널드 트럼프의 재산이 약 3조 원, 애플의 최고경영자 팀 쿡의 재산이 약 2조 원으로 알려져 있으니[주11] 만 달란트가 어느 정도 금액인지 가늠해 볼 수 있습니다. 도널드 트럼프나 팀 쿡은 물론 한국의 어떤 부자도(이재용 회장은 예외?) 갚을 수 없는 금액이었습니다. 그런 빚을 면제받은 사람이 자신이 면제받은 금액의 0.00017퍼센트에 해당하는 830만 원 정도를 빚진 동료를 감옥에 가둔 것입니다. 830만 원이라면 석 달 치 월급보다 많으니 그 자체로는 아주 미미한 빚이라 말하기 어려울 것입니다. 그렇다면 감옥에 가두는 것이 좀 무자비하긴 해도 아주 불가능한 것은 아니었을 것입니다. 하지만 그것은 자신의 받는 자비와 용서에 비하면 초미세먼지보다 적은 금액이었습니다(초미세먼지는 1밀리미터의 0.25퍼센트 크기입니다). 이렇게 자기가 받은 자비는 생각하지 않고 다른 사람에게 자비를 전혀 베풀지 않는 종에게(두 사람 다 종이라는 처지에 있었습니다) 주인은 이렇게 말합니다. "내가 너에게 자비를 베푼 것처럼 너도 네 동료에게 자비를 베풀었어야 할 것이 아니냐?"(공동번역개정) 이 이야기를 마치며 예수님은 다시 한 번 "너희가 진심으로 형제들을 서로 용서하지 않으면 하늘에 계신 내 아버지께서도 너희에게 이와 같이 하실 것이다"(공동번역개정)라고 확언하십니다.

지금까지 살펴본 마태복음 5, 6, 18장 본문들의 공통점이 있습니다. 사람에게 자비를 베푸는 것, 다른 사람을 용서하는 것이 하나님의 자비와 용서보다 앞섭니다. 다른 사람을 용서하는 것이 하나님의 용서의 조건이 됩니다. 그런데 이 본문들이 명확히 알려 주는 순서를 확인하고 나면 불안해집니다. 용서하지 않으면 용서가 없다고 본문이 명확히 말해도 그 순서가 어색하기만 합니다. 그래서 로이드 존스 같은 분은 이런 본문들에도 불구하고 하나님의 용서가 먼저라고 강조합니다. 사람의 용서가 먼저고 사람이 자비를 베풀어야 하나님께 자비를 받는다고 생각하지 말아야 한다고 굉장히 길게 설명을 합니다.주12 하지만 제가 보기엔 그런 설명을 따르다 보면 본문이 강조하는 핵심을 놓치게 됩니다. 물론 만 달란트 용서가 먼저 있었습니다. 그러나 그 자비가 이제 다른 사람을 아무렇게나 대해도 괜찮다는 뜻은 아닙니다. 자신이 입은 하나님의 자비에 어울리는 자비의 삶을 살지 않을 때, 하나님의 자비가 거두어진다는 경고 또한 분명합니다. 하나님의 자비 가운데 머물려면 자비로운 삶을 살아야 합니다.

그런데 다른 사람에게 자비를 베풀지 않고도 하나님의 자비를 입는 길이 있어 보입니다. 그것이 제사입니다. 사람들에게 자비를 베푸는 것이 불편하거나 불안할 때 하나님께 제사를 드림으로써 하나님의 자비를 입으려고 합니다. 죄인으로 보이지만 사실은 그저 배고픈 사람일 뿐인데, 그런 사람에게 자비를 베풀지 않으면서도 정작 나는 하나님의 자비를 경험하고 싶기 때문에 제사를 드립니다, 지금 식으로 말하자면 예배를 드리는 겁니다. 또는 수직적 경건에 몰두하는 것입니다. 하나님께 드리는 제사 또는 수직적 경건이 수평적 자비를 대신할 수 있다고 생각하기 때문입니다. 제사로 자비를 대체하려 합니다. 이럴 때 제사는 자비의 반대말이 됩니다.

제사에는 원래 하나님의 자비와 용서를 구하는 목적이 있습니다. 그러니 제사를 통해 하나님의 자비를 경험하려는 것이 그 자체로 잘못은 아닙니다. 하지만 제사로 자비를 대신하려는 것은 제사를 오용하는 것입니다. 예수님은 제사를 오용하는 우리에게 확실하게 다시 말씀하십니다. 제사를 통해 하나님을 달래는 것이 아니라 사람을 자비롭게 대하는 것이 하나님의 자비를 경험하는 길입니다.

한국 교회와 사회의 모습을 생각해 봅니다. 한국 교회는 하나님의 자비가 필요하다며 더욱 정성껏 예배를 드립니다. 하지만 정작 한국 사회에서 함께 살아가는 배고픈 사람들에게는 관심이 없습니다. 자비를 베풀기는커녕 죄인으로 정죄하고 혐오합니다. 이스라엘이 우리 같은 모습이었을 때 예언자들은 호통치고 하나님이 진짜 원하시는 것을 알려 주었습니다. 미가서에는 어떻게 제사를 드리면 하나님이 기뻐하실까 고민하는 사람들의 이야기가 나옵니다.

> 내가 주님 앞에 나아갈 때에, 높으신 하나님께 예배드릴 때에, 무엇을 가지고 가야 합니까? 번제물로 바칠 일 년 된 송아지를 가지고 가면 됩니까? 수천 마리의 양이나, 수만의 강 줄기를 채울 올리브 기름을 드리면, 주님께서 기뻐하시겠습니까? 내 허물을 벗겨 주시기를 빌면서, 내 맏아들이라도 주님께 바쳐야 합니까? 내가 지은 죄를 용서하여 주시기를 빌면서, 이 몸의 열매를 주님께 바쳐야 합니까? (미 6:6-7, 새번역)

사람들은 어떤 제물로 예배를 드리면 하나님이 기

뻐하실지 고민합니다. 그러한 제사에 대한 고민을 갖고 있는 사람들에게 하나님은 미가를 통해 이렇게 말씀하십니다.

> 너 사람아, 무엇이 착한 일인지를 주님께서 이미 말씀하셨다. 주님께서 너에게 요구하시는 것이 무엇인지도 이미 말씀하셨다. 오로지 공의를 실천하며 인자를 사랑하며 겸손히 네 하나님과 함께 행하는 것이 아니냐! (미 6:8, 새번역)

여기 나오는 '인자'가 바로 '자비'입니다. 영어 성경들을 보시면 쉽게 확인할 수 있습니다. 게다가 이 말씀에서는 '공의'(정의)와 '인자'(자비)가 반대말이 아닙니다. 함께할 수 있는 것들입니다. 하나님이 원하시는 것은 정의를 행하고 자비를 사랑하는 것입니다. 겸손하게 하나님과 함께 행할 때 정의와 자비가 함께 갑니다. 하지만 제사로 자비를 대신하는 사람들은, 자비를 이해하는 것 같아 보여도 결국에는 정의의 이름으로 자비를 내버리고 정죄의 돌을 끝까지 놓지 않습니다.

요한복음 8장은 간음하다 현장에서 잡힌 한 여인이 예수님 앞에 서는 장면입니다. 간음은 남자와 여자가 함께 행하는 일입니다. 현장에는 남자도 분명히 있었을 것입니다. 그런데 남자는 끌려오지 않았습니다. 현장에서 잡혔음에도 같이 있었던 남자는 간 데 없고 여자 혼자만 사람들 앞에 끌려왔습니다. 사람들 앞에 선 여자를 앞에 두고 예수님이 손가락으로 땅에 무언가를 쓰십니다. 예수님이 뭔가를 쓰시니 사람들이 다그쳐 묻습니다. 그러자 예수님이 몸을 일으켜 말씀하십니다. "너희 가운데서 죄가 없는 사람이 먼저 이 여자에게 돌을 던져라"(새번역). 그리고 예수님은 땅에 무언가를 다시 쓰십니다. 예수님의 이 말씀에 나이가 많은 사람부터 떠나갑니다. 마침내 아무도 남지 않습니다. 그러자 예수님이 여자에게 말씀하십니다. "나도 너를 정죄하지 않는다."

 복음서, 아니 신약성경, 아니 성경 전체에서 용서를 가장 극적으로 경험하는 본문입니다. 그런데 우리는 이 사건이 용서로 끝나는 것을 참지 못합니다. 예수님이 정죄하지 않는다고 말씀하시고 "가서, 이제부터 다시는 죄를 짓지 말아라"(새번역)라고 하셨다는 것을 꼭 짚어 내야 우리의 마음이 시원해집니다. 그 마지막 말을 빠뜨리면 뭔가 큰일 난다고 생각합니다. 왜 그럴까요? 우리 마음에 이런 마음이 숨겨져 있기 때문입니다. '결국 너는 다시 죄를 지을 사람이잖아. 이번에는 봐줬지만 또 죄를 지으면 그때는 자비를 기대하지 않는 게 좋을 거야.' 마지막 본문을 끝까지 붙잡는 건 결국 돌을 던지고 말겠다는 것입니다. 하지만 돌을 차마 던지지 못하고 물러갔던 사람들이 진짜로 양심에 가책을 느낀다면 다시는 죄를 짓지 말라는 말씀을 여자에게 적용하지 못할 것입니다. 왜냐하면 그 말씀은 궁극적으로 여인뿐 아니라 돌을 던지지 못하고 물러갔던 사람들 모두에게 적용되기 때문입니다. 물러갔던 사람들도 더 이상 짓지 말아야 할 죄가 있었습니다. 우리도 죄인이라 고백한다면 우리의 몫은 돌을 내려놓고 물러가는 데까지입니다.

이 본문에서 예수님은 손가락으로 땅에 뭔가를 쓰십니다. 성경에서 하나님 또는 예수님이 뭔가를 손가락으로 쓰셨다는 표현이 딱 두 번 나옵니다. 한 군데가 요한복음 8장이고 다른 한 군데가 하나님이 십계명을 쓰셨다는 출애굽기 31:18입니다. 개역개정과 새번역은 각각 "친히", "손수"라고 번역했지만 히브리어로는 '손가락으로'라는 표현입니다(난하주와 가톨릭성경 참조). 예수님이 손가락으로 뭔가를 땅에 쓰신 것처럼 하나님도 손가락으로 십계명을 돌에 쓰셨습니다. 율법은 원래 좋은 것입니다. 하지만 그 율법의 돌 판이 정죄의 돌이 되어 버렸습니다. 그런데 그 율법을 쓰셨던 분이 무언가를 다시 쓰시고 이제 이렇게 말씀하십니다. "나도 너를 정죄하지 않는다." 이것이 복음입니다. 제사로 대신할 수 없는 자비의 복음입니다.

저는 한국 기독교가 추구해야 할 다섯 가지 자리와 방향을 제안하면서 혐오를 이기는 환대의 복음을 추구하자고 말했습니다. 예수님은 그야말로 자신의 손가락으로 혐오와 정죄의 율법이 아닌 환대와 자비의 복음을 이 땅에 쓰십니다. 나를 의롭다 여기고 다른 사람을 멸시하며 사람을 향한 자비를 대신하려고 하나님께 제사를 드린다면, 그것은 혐오하는 율법의 제사일 뿐입니다. 그런 제사가 결코 자비를 대신할 수 없습니다. 그런 제사는 자비의 반대일 뿐입니다. 예수님의 제자는 일곱 번씩 일흔 번이라도 용서가 필요하다는 것을 아는 사람입니다. 그런 무한히 자비로운 용서가 자신에게도 필요하다는 것을 아는 사람입니다. 만 달란트의 빚을 면제해 주는 자비를 경험한 사람입니다. 이런 사람은 하나님을 향한 제사로 사람들을 향한 자비를 대신하지 않습니다. 하나님께 제사를 드리는 사람이 아니라 사람에게 자비를 베푸는 사람이 진정 하나님의 자비를 입는 복을 누릴 것입니다.

7
믿음을 잃고 미끄러지려는 우리에게

복 있습니다, 마음이 깨끗한 사람들은! 그들이 하나님을 뵙게 될 테니까요. 마 5:8

'청결'이라 함은 마음에 간사한 것이 없고 단순, 솔직한 것을 칭함인 줄 알 것이다.…단일한 것이 청결한 것이요. 잡종이 혼합한 것은 불결한 것이다.[주1]

하나님을 보신 적 있으신가요? 마태복음 5:8은 "마음이 청결한 자"가 "하나님을 볼 것"이라고 이야기합니다. 이 두 가지 표현 모두가 어렵습니다. '마음이 청결하다'는 표현의 정확한 의미는 무엇일까요? 게다가 '하나님을 본다'는 것은 어떤 의미일까요? 예수님을 본 것 말고, 눈으로 직접 하나님을 본 사람이 있을까요? 디모데전서 6:16은 하나님에 대해 이렇게 말합니다. "어떤 사람도 보지 못하였고 또 볼 수 없는 이시니"(참조. 요 1:18; 요일 4:12, 20).[주2] 반면에 구약에는 '하나님을 또는 하나님의 얼굴을 본다'는 표현이 나오기도 합니다. 정직한 자가 하나님의 얼굴을 보며(시 11:7), 의로움 가운데 주의 얼굴을 뵙겠다는 바람을 노래하기도 합니다(시 17:15). 욥은 육체의 한계를 넘어서라도 기필코 하나님 보기를 바라는 마음을 호소합니다(욥 19:26-27). 대체 어떤 경험을 말하는 것일까요? 게다가 마음이 청결하다는 것과 하나님을 본다는 의미가 각각도 어려운데, 마음이 청결한 것과 하나님을 보는 것의 관계는 또 무엇일까요?

가장 쉽게 생각하면 하나님은 거룩한 분이니 그분을 보려면 더럽지 않은 깨끗한 마음이 필요하다는 의미인가 싶기도 하고, 하나님은 순수한 마음을 지닌 사람만 볼 수 있다는 이야기인가 싶기도 합니다. 아니면 하나님을 보는 것은 그리스도인이 할 수 있는 최고의 체험이니 그런 체험을 하려면 극상의 조건인 청결한 마음을 만족시켜야 한다는 뜻인가 싶기도 합니다. 그런데 이런 설명들은 주관적인 느낌에 근거할 뿐입니다. 과연 마음의 청결하다, 하나님을 본다는 의미를 어떻게 하면 좀 더 정확히 파악할 수 있을까요? 그리고 그 둘 사이의 관계는 무엇일까요?

마음 - 존재 전체

번역을 할 때 크게 보아 두 가지 경우가 생깁니다. 먼저, 원어의 의미 영역이 넓고 특정 번역어가 그 영역을 모두 다루지 못할 경우 번역 표현은 다양해집니다. 예를 들어 마태복음 5:6의 '디카이오쉬네'는 번역본에 따라 (개인적인) '의' 또는 (사회적인) '정의'로 다르게 번역했습니다. 반면, 주어진 맥락에서 원어와 번역어의 의미 영역이 비슷할 경우 거의 모든 번역이 같은 번역 표현을 사용하게 됩니다. 마태복음 5:8은 이런 경우로 보입니다. 모든 한글 번역이 '마음'이라는 표현을 사용합니다. 영어 번역의 경우에도 거의 모든 번역이 'heart'를 사용했습니다. 그럼에도 주어진 맥락에 따라 '마음'과 'heart'의 구체적 의미들은 매우 다양합니다.

표준국어대사전은 마음이라는 단어의 의미를 맥락에 따라 일곱 가지로 제시합니다. 예를 들어 '착한 마음'에서의 '마음'은 "사람이 본래부터 지닌 성격이나 품성"이라는 의미를 가지고 있고, '마음을 떠보다'라는 표현의 '마음'은 "사람이 어떤 일에 대하여 가지는 관심"이라는 의미입니다.[33] 비슷한 것 같으면서도 뜻이 미묘하게 다릅니다. 마태복음 5:8에 적용해 보면 마음이 전자의 의미라면 청결한 마음은 깔끔한 성격 정도의 의미가 되고, 후자의 의미라면 관심사가 순수하다 정도의 의미가 될 수 있겠지요. 영어 heart도 비슷합니다. 제가 사용하는 영어 사전은 heart의 뜻으로 심장, 마음, 가슴, 애정, 열심, 핵심 정도의 의미를 제시합니다. 그러니 마태복음 팔복의 맥락에서 마음을 어떤 의미로 새겨야 하는지 면밀하고 섬세히 생각해야 합니다.

'마음'이라고 번역된 그리스어는 '카르디아'입니다. 이 단어는 심장이라는 의미의 영어와 관련 있습니다. 심장을 뛰게 하는 운동을 짧게 '카디오'(cardio, cardiovascular)라고 하는데, 이 또한 그리스어 '카르디아'에서 파생된 단어입니다. '카르디아'는 성경에 매우 많이 나옵니다. 그리스어로 번역된 구약에는 약 900회, 특히 시편에는 '카르디아'가 135회쯤 나옵니다. 신약에는 150회 이상 나옵니다. 보통 심장 또는 마음으로 번역하는 이 단어는 어떤 함의를 지니고 있을까요?

한국어를 사용할 때 우리는 마음을 감정의 자리로 이해하는 경우가 많습니다. "마음이 아파요"라는 말은 속상하거나 슬프다는 뜻인 거죠. 그렇지만 성경은 '카르디아'라는 단어를 통해 인간의 삶 전체를 지칭합니다. 사람의 인격 전체, 내적인 삶과 성품을 다 포괄하는 단어입니다. 마태복음의 예들을 통해 확인해 보겠습니다.

> 독사의 자식들아 너희는 악하니 어떻게 선한 말을 할 수 있느냐. 이는 마음에 가득한 것을 입으로 말함이라. (마 12:34)

> 이 백성이 입술로는 나를 공경하되 마음은 내게서 멀도다. (마 15:8)

> 입에서 나오는 것들은 마음에서 나오나니 이것이야말로 사람을 더럽게 하느니라. 마음에서 나오는 것은 악한 생각과 살인과 간음과 음란과 도둑질과 거짓 증언과 비방이니. (마 15:18-19)

> 너희가 각각 마음으로부터 형제를 용서하지 아니하면 나의 하늘 아버지께서도 너희에게 이와 같이 하시리라. (마 18:35)

예수께서 이르시되 네 마음을 다하고 목숨을 다하고 뜻을 다하여 주 너의 하나님을 사랑하라 하셨으니. (마 22:37)

이 본문들을 보면 마음은 결국 속사람을 의미하는데, 속사람은 사람의 한 부분이 아니라 그야말로 내가 어떤 사람이냐를 드러내는 존재 전체입니다. 부분을 언급하지만 사실은 전체를 의미하는 제유법에 많이 사용됩니다. '마음으로 내게서 멀다'는 것은 마음이라는 한 부분만 먼 것이 아니라 그 사람의 존재 자체가 하나님으로부터 멀리 있는 상태입니다. '마음을 다하여 하나님 사랑하라'는 것은 마음이라는 존재의 일부를 써서 사랑하라는 것이 아니라 내적인 존재 전체로 사랑하라는 도전입니다. 요컨대, 마음이라는 단어가 사용될 때는 어떤 내적인 특징을 강조하지만, 그렇다고 사람 안에 있는 특정한 영역만 이야기하는 것이 아닙니다. 속사람의 상태가 존재 전체의 특징이 됩니다. 마음에 악함이 가득할 때 마음뿐 아니라 삶 전체가 악으로 가득 차게 됩니다. 입술과 마음 중 마음이 그 사람의 본질입니다. 그래서 어떤 성경학자는 이 마음이라는 단어가 인간의 전체 삶을 의미한다고 말합니다.[주4]

마음의 의미를 이렇게 새기고 마음이 언급되는 산상수훈을 읽어 보면 그 무게가 더 느껴집니다. 특히 마태복음 6:21은 "네 보물 있는 그 곳에는 네 마음도 있느니라"라고 합니다. 내가 소중히 여기는 것, 사랑하는 것이 내가 어떤 존재인지를 말해 준다는 것입니다. 보물을 어디에 쌓고 있는지가 그 사람이 정말 누구인지를 드러낸다는 이야기입니다. 마음은 존재 전체를 대표합니다.

깨끗한 마음 - 한결같이 살아가기

깨끗하다는 어떤 의미일까요? '깨끗하다'로 번역된 그리스어는 '카타로스'입니다. 관련된 단어로 '카타르시스'가 있습니다. 카타르시스는 마음의 정화라는 의미로 자주 쓰입니다. 마음이 깨끗하게 되는 것입니다. 영화를 보다가 큰 감동을 받아 눈물이 나면서 마음이 깨끗하게 씻길 때 카타르시스를 경험한다고 말하기도 합니다. '카타로스'가 성경, 특히 구약에 쓰일 때는 많은 경우 제사와 관련된 정결을 이야기합니다.[35] 특히 제사는 정결한 동물로 드립니다.

지금까지 우리는 마음이라는 단어('카르디아')의 뜻들을 이모저모 살펴보았습니다. 그리고 깨끗하다(그리스어로 '카타로스')는 의미도 살펴보았습니다. 그렇다면 '마음이 깨끗하다'의 의미는 이 두 단어의 뜻을 조합하면 알 수 있을까요? 즉, 마음이 깨끗한 것은 내 존재 전체가 제물로 드려질 수 있는 상태가 되는 것일까요? 여기서 우리는 어떤 구문의 뜻은 그 구문을 이루는 단어들의 단순한 합이 아니라는 사실을 확인해야 합니다.

영화 〈타짜〉의 절정에 이르면 밑장빼기를 하다가 들킨 주인공 고니가 아직 확인을 안 한 패가 "단풍이 아니라는 데 내 돈 모두와 내 손모가지를 건다. 쫄리면 [그만두시든지]"라고 아귀에게 말하는 장면이 있습니다. 고니의 말을 들은 아귀는 "어디서 약을 팔아"라고 답합니다. 이때 고니가 이렇게 되받아칩니다(다음 표현이 경박해 죄송합니다). "천하의 아귀가 혓바닥이 왜 이렇게 길어? 후달리냐?" 여기서 우리는 혓바닥이 무엇인지 알고 길다는 뜻도 압니다. 하지만 "혓바닥이 왜 이렇게 길어?"라는 말은 입 안에 있는 맛을 보는 신체 부위의 길이가 긴 이유가 궁금하다는 뜻이 아니라 왜 이렇게 말이 많냐는 뜻입니다. 이 표현을 이루는 두 단어 각각의 의미를 알아도 그 전체 구문의 의미를 항상 정확히 알 수는 없습니다.

다시 우리 본문의 표현으로 돌아와 보면 마음이 깨끗하다의 뜻을 묻는 질문에 마음과 깨끗함의 의미를 단순히 더해서 '나의 온 존재가 제의적으로 정결하다'는 뜻으로 답하는 것은 그리 적절하지 않습니다. 이런 상황이다 보니 사람들은 여러 의미를 제안합니다. 크게 보아 내적 순수함, 순수한 동기, 도덕적 정결, 온전한 마음, 이렇게 네 가지 정도로 정리할 수 있습니다.

평화운동가 존 디어는 '깨끗한 마음'을 하나님의 임재에 대해 열려 있는 마음, 어린아이같이 경탄하는 순수한 마음이라 설명합니다. 깨끗한 마음을 지니라는 것은 도달할 수 없는 완벽한 상태에 관한 것이 아니라 사랑, 긍휼, 비폭력, 평화의 내적 여정으로 초대하는 것이라 말합니다.[주6] 멋진 설명입니다. 하지만 실제 의미보다 평화와 비폭력에 대한 존 디어의 관심이 과도하게 덧붙여진 것은 아닌가 싶습니다.

신학의 대중화에 관심이 많았던 신학자 바클레이는 "깨끗한 마음"은 자신이 받을 이익이나 명예를 생각하지 않는 "불순하지 않고 완전히 순수한 동기"를 의미한다고 설명합니다. 우리의 동기가 완전히 순수하기는 거의 불가능합니다. 무엇을 해도 사람들의 칭찬과 나에게 돌아올 영광을 기대합니다. 심지어 희생적인 일을 할 때도 사람들로부터 뭔가 영웅적 칭송을 바라는 것이 우리의 실상입니다. 이에 이 말씀은 우리의 불순한 동기를 성찰할 것을 요청한다 말합니다.[주7]

신약학자 카슨은 "깨끗한 마음"이 전통적으로 두 가지 정도의 의미를 지닌다고 말합니다. 하나는 외적인 경건이나 제례적 정결에 반대되는 도덕적 내적 정결입니다. 마음이 깨끗하다는 것은 윤리적으로 더러운 잘못된 일들을 하고 있지 않다고 생각하는 것이죠. "정한 마음"("깨끗한 마음", 새번역)을 달라고 노래하는 시편 51:10의 경우 "정한 마음"은 윤리적 의미를 담고 있는 듯한 "정직한 영"과 평행을 이룹니다. 카슨이 제시하는 두 번째 의미는 나뉘지 않은 온전한 마음, 한결같은 마음입니다.[주8] 꽤 적절해 보입니다. 깨끗하다, 순전하다는 것은 아무것도 섞이지 않은 상태입니다. 로이드 존스도 비슷하게 "한결같은 일편단심"(single-minded, or single-eyed devotion)이라고 설명합니다.주9 이렇게 이해할 때 마음이 깨끗하다는 것은 완전히 신실하다는 의미로 이해할 수 있습니다.주10 그리고 온전한 마음의 반대는 두 개로 나뉜 마음입니다. 깨끗한 마음은 나뉘지 않은 온전한 마음입니다.주11

이런 의미를 잘 보여 주는 구절이 있습니다. 야고보서 4:8은 '두 마음을 품는 것'과 '마음을 성결케 하는 것'(그리스어로 '하그니쪼')을 대조합니다("죄인들아 손을 깨끗이 하라 두 마음을 품은 자들아 마음을 성결하게 하라"). 저는 이러한 본문들을 근거로 마음이 깨끗하다는 것과 두 마음을 품었다는 것을 서로 반대되는 의미로 이해합니다. 깨끗한 마음은 온전한 마음입니다. 나뉘지 않은 한결같은 마음입니다.주12

그런데 야고보서 4:8에서 '두 마음을 품었다'는 표현과 함께 나오는 표현이 흥미롭습니다. "죄인들"과 "두 마음을 품은 자들"이 평행하고, "손을 깨끗이 하라"(그리스어로 '카타리쪼')와 "마음을 성결하게 하라"가 평행합니다. 마음을 성결하게 하는 것과 손을 깨끗이 하는 것이 평행을 이룬다면, 죄인이 두 마음을 품었다는 것은 그들의 손이 더럽다는 말이 됩니다. 죄인들의 손이 더럽다는 것은 어떤 의미일까요? 다음은 이사야 1:15-17입니다.

> 너희가 손을 펼 때에 내가 내 눈을 너희에게서 가리고 너희가 많이 기도할지라도 내가 듣지 아니하리니 이는 너희의 손에 피가 가득함이라. 너희는 스스로 씻으며 스스로 깨끗하게 하여 내 목전에서 너희 악한 행실을 버리며 행악을 그치고 선행을 배우며 정의를 구하며 학대 받는 자를 도와 주며 고아를 위하여 신원하며 과부를 위하여 변호하라 하셨느니라.

아무리 많이 기도해도 하나님이 듣지 않으시는 사람들이 있습니다. 손에 피가 가득한 사람들입니다. 하나님은 그들에게 스스로 씻으라고, 스스로 깨끗케 하라고 도전하십니다. 스스로 씻고 깨끗케 하는 것은 악한 행실을 버리고 행악을 그치는 것입니다. 이어서 악한 일을 그치고 해야 하는 사회적 차원의 일을 알려 주십니다. 착한 길을 익히고 바른 삶을 찾아야 합니다. 억눌린 자를 풀어 주고, 고아의 인권을 찾아 주며 과부를 두둔해 주어야 합니다. 깨끗한 마음, 즉 나뉘지 않은 온전한 마음을 가지는 것은 하나님을 가까이하고, 아픔 가운데 있는 이웃과 함께하며, 하나님의 백성이자 예수의 제자로 한결같은 삶을 사는 것입니다.

많은 사람이 마태복음 5:8에서 시편 24:3-6의 메아리를 듣습니다.

여호와의 산에 오를 자가 누구며 그의 거룩한 곳에 설 자가 누구인가 곧 손이 깨끗하며 마음이 청결하며 뜻을 허탄한 데에 두지 아니하며 거짓 맹세하지 아니하는 자로다 그는 여호와께 복을 받고 구원의 하나님께 의를 얻으리니 이는 여호와를 찾는 족속이요 야곱의 하나님의 얼굴을 구하는 자로다.

이 시에서 마태복음 5:8에 나오는 '마음이 청결하다'는 표현을 그대로 만납니다. '손이 깨끗하다'는 표현도 등장합니다. 그리고 그런 상태가 여호와의 산에 오르고 그의 거룩한 곳에 설 수 있는 자격처럼 제시됩니다. 6절의 표현을 빌리면, 마음이 청결한 사람이 여호와의 산에 올라 복을 받고 하나님의 얼굴을 구할 수 있습니다. "마음이 청결한 자는 복이 있나니 그들이 하나님을 볼 것임이요"라는 마태복음 말씀이 여기 그대로 담겨 있습니다.

'마음이 청결하다'는 표현과 '손이 깨끗하다' 또는 '죄를 깨끗하게 하다'라는 표현이 짝지어 나오는 경우들이 더 있습니다. 잠언 20:9이 그렇고("내가 내 마음을 정하게 하였다 내 죄를 깨끗하게 하였다 할 자가 누구냐") 시편 73:13이 그렇습니다("내가 내 마음을 깨끗하게 하며 내 손을 씻어 무죄하다 한 것이 실로 헛되도다"). 깨끗한 마음을 지니는 것은 하나님의 백성으로, 예수님의 제자로 한결같은 삶을 온 존재로 살아내는 것입니다. 손을 깨끗이 하며 이웃의 피를 흘리지 않는 삶입니다. 그 삶은 하나님을 가까이하며 아픔 가운데 있는 이웃과 함께하는 삶입니다. 그럴 때 여호와의 산에 오르고 거룩한 곳에 서서 하나님의 얼굴을 구할 수 있습니다.

이처럼 마음이 깨끗한 것은 신앙의 핵심입니다. 그런데 시편 73:13을 보다가 마음이 철렁했습니다. 마음을 깨끗하게 하며 살아온 삶이 실로 헛되다고 토로하기 때문입니다.

깨끗한 마음이 헛된 시대

한 마음으로 한결같은 신앙을 갖고 살아온 것이 헛되다고 느낀 적 있으신가요? 시편 73:13을 새번역으로 읽어 봅니다. "이렇다면, 내가 깨끗한 마음으로 살아온 것과 내 손으로 죄를 짓지 않고 깨끗하게 살아온 것이 허사라는 말인가?" 개역개정은 "헛되도다"라고 외쳤고 새번역은 "허사라는 말인가?"라고 자문하고, 공동번역개정은 "나는 과연 무엇하러 마음을 맑게 가졌으며 깨끗한 손으로 살았사옵니까?"라고 따집니다. 도대체 어떤 경험을 했기에 깨끗한 마음으로 한결같이 살아온 삶이 허사라고 느꼈을까요?

새번역 13절은 "이렇다면"으로 시작합니다. 13절 앞에 무슨 얘기가 있기에 "이렇다면…허사라는 말인가"라고 외칠까요? 시편 73편 전체를 살펴보면서 시편 73편이 마태복음 5:8과 관계가 있다는 것을 새삼 확인했습니다. 시편 73:1에도 '마음이 정결하다'는 표현이 나옵니다.주13 "하나님이 참으로 이스라엘 중 마음이 정결한 자에게 선을 행하시나." 시편 73편은 마음이 정결한 자에게 하나님이 선을 행하신다는 고백으로 시작합니다. 그런데 곧바로 2절에서 그 고백 또는 확신을 의심하게 하는 일이 있다고 말합니다. "나는 거의 넘어질 뻔하였고 나의 걸음이 미끄러질 뻔하였으니." 3절은 그 이유를 한마디로 요약합니다. "이는 내가 악인의 형통함을 보고 오만한 자를 질투하였음이로다." 여기 나오는 "질투"라는 표현(새번역은 "시샘") 때문에 뭔가 시인의 잘못을 인정하는 것 같기도 합니다. 하지만 이어지는 내용을 볼 때 이 질투는 탓하기 매우 어렵습니다. 시인은 자신이 질투한 악인의 형통함(문자적으로 '평화', 히브리어로 '샬롬')을 묘사합니다.

> 그들은 죽을 때에도 고통이 없으며, 몸은 멀쩡하고 윤기까지 흐른다. 사람들이 흔히들 당하는 그런 고통이 그들에게는 없으며, 사람들이 으레 당하는 재앙도 그들에게는 아예 가까이 가지 않는다. 오만은 그들의 목걸이요, 폭력은 그들의 나들이옷이다. 그들은 피둥피둥 살이 쪄서, 거만하게 눈을 치켜 뜨고 다니며, 마음에는 헛된 상상이 가득하며, 언제나 남을 비웃으며, 악의에 찬 말을 쏘아붙이고, 거만한 모습으로 폭언하기를 즐긴다. 입으로는 하늘을 비방하고, 혀로는 땅을 휩쓸고 다닌다. 하나님의 백성마저도 그들에게 홀려서, 물을 들이키듯, 그들이 하는 말을 그

대로 받아들여, 덩달아 말한다. "하나님인들 어떻게 알 수 있으랴? 가장 높으신 분이라고 무엇이든 다 알 수가 있으랴?" 하고 말한다. 그런데 놀랍게도, 그들은 모두가 악인인데도 신세가 언제나 편하고, 재산은 늘어만 가는구나. (4-12절, 새번역)

악인의 일이 잘 풀리는 것을 보면서도 그나마 스스로 위로하는 방법이 있습니다. '악인이 지금 저렇게 잘 살다가도 언젠가 죽기 전에는, 결국 죽을 때는, 그 죄 값을 치르게 될 거야', '악인이 살 때는 편하게 살더라도 죽을 때는 정말 고생하면서 죽을 거야'라고 생각하는 것입니다. 그런데 4절은 그 악인들이 죽을 때도 고통이 없다고 말합니다. 악인이 죽을 때조차 평안하게 고통 없이 죽습니다. 악인만 나를 힘들게 하는 것이 아닙니다. 10절을 보면 악인에게 동조하는 신앙인들도 있다는 사실이 더욱 힘듭니다. 10절은 사실 좀 난해한 구절입니다. 개역개정("그의 백성이 이리로 돌아와서 잔에 가득한 물을 다 마시며")의 '잔에 가득한 물을 다 마신다'는 표현은 무슨 뜻일까요? 새번역과 공동번역개정은 '물'이라는 단어를 살리면서 뜻을 풀어놓았습니다. "그리하여 내 백성마저 그들에게 솔깃하여 그들의 물에 흠뻑 젖어들었습니다"(공동번역개정). 하나님의 백성이 악인들에게 물들었습니다. 그러면서 "하느님이 어떻게 알랴, 가장 높은 분이라고 세상 일을 다 아느냐?"(공동번역개정)라고 말합니다. 하나님의 백성들마저 악인들에게 홀려 그들의 말을 그대로 받아들입니다. 죽을 때까지도 고통이 없는 악인의 모습을 보는 것만으로도 믿음을 잃고 미끄러질 것 같은데, 그 악인에게 동조하는 하나님 백성들의 모습은 더욱 혼란스럽게 합니다. 악인에게 물든 그들은 "하나님이 뭘 알겠냐?"고 말합니다. 물론 대놓고 그렇게 말하지는 않겠지요. 그러나 그런 마음에서 나온 그들의 행동은 분명히 그렇게 말합니다.

이런 시절을 사는 시인이 마음을 깨끗하게 하고 손을 씻어 무죄하게 한 것이 참으로 헛되다고 말하는 것이 과하지 않습니다. 그것을 그의 질투 탓이라고 비난할 수 없습니다. 얼마 전 제 페이스북 친구가 쓴 글입니다.

사회건 교회건 부지런히 제 욕심을 챙기는 자들이 번영하며 보란 듯이 나대는 걸 지켜보기가 괴롭다. 그들은 그저 우리가 기도만 하기를 바랄 것이다. 그러다 제풀에 나가떨어질 것을 알 테니까. 무엇보다 하나님이 자기편이라고 믿으니까. 그들이 믿는 하나님은 부자의 하나님 힘센 자의 하나님이다. 그들의 기도는 잘도 응답된다. 내가 믿는 하나님은 너무 가난하고 너무 힘이 없어 나는 매번 쪽팔림만 당한다. 서럽고 억울한 일을 당해도 내 하나님은 침묵한다.…며칠째 두통이 가시지 않는다.[주14]

깨끗한 마음이 헛되게 느껴지는 시절입니다. 온 존재를 걸고 한결같이 살아가는 것이 허사인 시절입니다. 하나님을 가까이하고 아픔 가운데 있는 이웃과 함께하며 하나님의 백성으로, 예수님의 제자로 두 마음을 품지 않고 살아내려 하는데, 그게 다 무슨 소용이 있는지 두통이 가시지 않는 시절입니다.

고약한 역설

마음이 깨끗할수록 믿음을 잃고 미끄러지는 시대입니다. 그런데 여기 역설이 있습니다. 신실하게 살수록 엉터리 같은 세상 속에서 회의는 깊어집니다. 그런데 그 한결같은 삶이 또한 회의를 넘어서는 실마리라는 사실이 역설입니다. 참으로 고약한 역설입니다 시편 73편에서 시인이 악한 자의 진정한 마지막을 깨달은 것은 하나님의 성소에 들어가서였습니다 (17절). 그런데 시편 24편에서 우리는 하나님의 산에 오르고 거룩한 곳에 설 사람, 즉 성소에 들어갈 사람은 손과 마음이 깨끗한 사람, 한결같은 신앙을 지닌 사람이라는 사실을 확인했습니다. 깨끗한 마음이 악인의 형통 때문에 상처를 입었습니다. 깨끗한 마음이 의미를 잃어버렸습니다. 이제 그 마음을 버리고 싶습니다. 그런데 그 깨끗한 마음을 버리면 하나님을 보지 못합니다. 하나님을 본다는 것은 우리의 한결같은 삶이 허사가 아님을 확인할 수 있는 가장 강력한 경험입니다. 그런데 그 깨끗한 마음을 포기하면 우리는 "깨끗한 마음으로…살아온 것이 허사라는 말인가?"라는 질문의 답을 영영 얻을 수 없습니다.

그러나 깨끗한 마음을 포기하지 않은 시인은 넘어질 뻔하였고 걸음이 미끄러질 뻔하였지만 마침내 성소에 들어가는 경험을 하고(17절) 그 경험은 "하나님께 가까이함이 내게 복이라"는 고백을 이끌어 냅니다(28절). 개역개정과 새번역에는 드러나지 않지만, 28절에 나오는 "복"은 1절의 "선"과 같은 단어입니다(히브리어로 '토브'). 1절에 나왔던 모든 사람에 관한 일반적 신앙고백이 28절에서는 시인 자신과 직접 관련된 신앙고백으로 변한 것입니다. 일반적 고백이 의심과 회의의 시간을 지나 성소의 경험을 거쳐 자신의 고백으로 체화됩니다. 이런 과정을 끝까지 경험하려면 깨끗한 마음을 지켜야 합니다.

시편 73편을 읽으며 우리는 이러지도 저러지도 못하는 고약한 역설을 맞닥뜨립니다. 깨끗한 마음을 지니고 살자니 현실은 우리에게 두통을 줍니다. 그렇다고 깨끗한 마음을 포기하자니 73편 마지막까지 나아가지 못합니다. 두통 속에 던진 질문의 답을 놓치게 됩니다. 이 고약함 속에서 우리는 조금 더 버텨야 합니다. 그렇지만 참으로 고약한 버팀입니다. 도대체 언제까지 버텨야 할까요?

하나님을 드러내는 사람들, 하나님을 보는 사람들

시편 73편은 우리에게 하나님의 성소에 들어갈 때

까지 깨끗한 손과 마음을 지켜야 한다고 암시합니다. 하나님을 볼 때까지 버티기를 응원합니다. 그렇다면 도대체 어떤 것이 성소의 경험, 하나님을 보는 경험일까요? "내 맘의 눈을 여소서 내 맘의 눈을 열어 주 보게 하소서"라는 찬양이 있습니다. 이 찬양을 백 번 쯤 열심히 부르다 마음의 감격 속에 "드디어 하나님을 보았다!"라고 말할 수 있는 순간이 찾아올까요? 그럴 수 있습니다. 그런 신비를 무조건 부정하고 싶지는 않습니다.

시편 기자가 노래한 성소 경험은 어떤 것일까요? 찬양을 부르다가 하나님이 계시다고 확신하게 되는 경험일까요? 담장 아래 비치는 햇살 아래 작게 핀 들꽃에서 하나님의 손길을 느끼는 경험일까요? 믿을 수 없을 만큼 광활한 우주의 크기에 압도되어 하나님을 경외하는 경험일까요? 이 모든 것이 우리가 하나님을 보는 경험일 수 있겠지만, 하나님을 보는 경험에 대해 좀 더 성찰하고 씨름해 보고 싶은 이유는 73편에 꾹꾹 담긴 의심과 회의의 시간을 그냥 쉽게 털어버리고 싶지 않기 때문입니다.

사실 성경은 우리가 하나님을 보는 것이 불가능하다고까지 이야기합니다. 출애굽기 33:20-23 같은 곳은 "네가 내 얼굴을 보지 못하리니 나를 보고 살 자가 없음이니라", "얼굴은 보지 못하리라"라고까지 말합니다. 그래서 사람들은 오늘 마태복음 5:8을 더 특별하게 다루기도 합니다. 전통적으로 하나님을 보면 죽는다고 했는데 이 말씀은 하나님을 볼 수 있다고 말하니, 이 놀라운 복을 어떻게 얻을 수 있을지 많은 관심을 쏟고 주목하는 구절이 되었습니다. 그래서 마태복음 5:8이 말하는 복이야말로 그리스도인의 최고의 복이라고까지 말하는 경우를 종종 보게 됩니다.[주15]

그런데 한편 예수님은 요한복음 14장에서 아버지를 보여 달라는 빌립에게 예수님 자신을 본 사람은 아버지를 보았다고 말씀하십니다(8-9절). 이어서 21절에는 이렇게도 말씀하십니다. "나의 계명을 지키는 자라야 나를 사랑하는 자니 나를 사랑하는 자는 내 아버지께 사랑을 받을 것이요 나도 그를 사랑하여 그에게 나를 나타내리라." 예수님이 자신을 나타내신다는 것은 자신을 보여 주신다는 의미입니다. 그런데 예수님을 본 사람은 아버지 하나님을 보았다고 이미 말씀하셨습니다. 예수님을 보는 것이 하나님을 보는 것입니다. 이 주제와 관련해 "여기 내 형제 중에 지극히 작은 자 하나에게 한 것이 곧 내게 [예수님께] 한 것이니라"라는 말씀도 놓칠 수 없습니다(마 25:40).

이제 이 장을 마무리하며 하나님을 본 사람의 이야기를 나누고자 합니다. 이 이야기는 기도입니다. 이 기도가 처음 드려진 것은 2017년 4월 11일이었습니다. 4월 11일이 어떤 날인지 기억하실까요? 이 날 삼일교회에서 그리스도인의 음악회가 있었습니다. 그 음악회의 제목은 "세 번째 봄, 열일곱의 노래"였습니다. 이 음악회에서 단원고 한 학생의 엄마 집사님이 이런 기도를 드리셨습니다. 기도문의 몇 부분을 옮겨 옵니다.

창조주이시며 전능자라고 불리우는 당신께 기도드리는 거 쉽지 않습니다.
3년 전 우리 아이들의 살려달라는 마지막 기도를 외면했었으니까요.
당신께 등 돌리고 살고 싶었습니다.
그런데 어디를 가든 당신이 계시더군요.

더 이상 울 힘조차 없어 그저 멍하니 앉아 바다만 바라보

던 팽목항에도,
차가운 시멘트 바닥에서 하늘을 보며 잠을 청해야 했던 국회에도,
내리쬐는 땡볕을 피할 그늘 하나 찾기 어려웠던 광화문에도,
하수구 냄새에 시달려야 했던 청운동 사무소에도
침몰 지점이 바로 눈앞에 보이는 동-거차도에도,
그리고 병든 몸을 이끌고 세월호가 누워 있는 목포신항에도,
당신은 계셨습니다.

이름도 모르고, 얼굴도 몰랐던 분들이 눈물가득 고인 눈으로 다가와서 안아주시며
같이 울어주시는 따뜻함에서 당신을 느낄 수 있었습니다.
그 때 우리 아이들이 살려달라고 당신께 기도할 때 그 기도 좀 들어주시지
왜 우리 아이들이 없어진 지금 모르는 사람들을 통해 당신을 드러내시나요?

팽목항에서, 국회에서, 광화문에서, 청운동 사무소에서, 동-거차도에서, 목포 신항에서 만났던
당신을 닮은 사람들이 오늘 이곳에 가득합니다.
부디 이들에게 청결한 마음을 주셔서 당신을 보게 하시고

세미한 당신의 음성이 들려지게 하시옵소서
예수님의 이름으로 기도드립니다.[주16]

하나님을 보여 주는 사람들의 이야기가 담긴 이 기도문을 묵상하다 예전엔 그냥 지나갔던 구절이 눈길을 사로잡았습니다. '청결한 마음을 주셔서 당신을 보게 하소서'라는 간구였습니다.

서로 사랑하라는 계명을 지키는 제자들에게 예수님은 자신을 보여 주실 것입니다. 서로 사랑하는 제자들의 모습에서 예수님의 모습이 드러날 것입니다. 예수님은 지극히 작은 형제로 우리에게 찾아오십니다. 우리는 지극히 작은 형제를 통해 하나님을 봅니다. 깨끗한 마음을 지키며 살다가, 온 존재로 한결같은 삶을 살다가, 이 엉터리 같은 현실에도 불구하고, 아니 이 엉터리 같은 현실 때문에, 그 현실 속에서 작은 예수들, 하나님의 자녀라 불리는 평화를 만드는 사람들을 봅니다. 평화를 구하는 사람들, 하나님의 자녀라 일컬음을 받는 사람들에게서, 예수의 제자들, 작은 예수들에게서, 우리는 예수님을 봅니다. 하나님을 봅니다. 그리고 그렇게 하나님을 본 우리는 평화를 일구는 하나님의 자녀가 되어 세상에 하나님을 보여 주는 사람들이 됩니다.

깨끗한 마음은 나뉘지 않은 온전하고 순전한 마음입니다. 마음이 깨끗하다는 것은 하나님을 가까이 하며, 아픔 가운데 있는 이웃과 함께하며, 하나님의 백성이자 예수님의 제자로 한결같은 삶을 자신의 온 존재로 살아내는 것입니다. 그런데 엉터리 같은 세상에서 살다 보니, 마음을 정결케 한 것이, 한결같은 신앙을 가진 것이, 손해 보면서까지 신앙의 도를 지킨 것이 허사라는 생각이 듭니다. 주님의 길을 따라 한결같이 신실히 사는 것이 헛되다고 느껴지는 시절을 경험합니다.

그럴수록 우리는 깨끗한 마음을, 한결같은 삶을 지켜내야 합니다. 너무나 고약한 역설이지만 그래야 하나님을 볼 수 있기 때문입니다. 그래야 우리 신앙의 의미를 다시금 견고히 붙잡을 수 있기 때문입니다. 그래야 미끄러지던 발에 힘을 주어 다시 일어날 수 있기 때문입니다. 이제 팔복은 그렇게 인내 가운데 하나님을 본 사람들, 다시 세상의 진짜 마지막이 어떠한지를 온 존재로 확인한 사람들, 그런 사람들에게 주어지는 복으로 이어집니다. 그것이 평화를 만드는 사람들의 복이고 의를 위하여 박해를 받는 자들의 복입니다.

하나님이 없는 것 같은 세상, 하나님이 없다고 조롱하는 세상에서 평화를 만들어 내고 박해를 즐거워하려면 하나님을 보아야 합니다. 마음이 깨끗해야 합니다. 박해 가운데서 평화를 만드는 것이 허사가 아님을 확인해야 합니다. 하나님을 보는 경험은 어그러진 세상에서 제자로 살아가는 복의 근원입니다. 거울을 보듯 희미하게라도(고전 13:12) 주님을 닮은 사람들에게서 하나님을 보는 그 경험을 찰나 같은 우리 삶 순간순간에 허락해 주시기를 간구합니다.

8
잊힌 세계관, 잃어버린 제자도

복 있습니다, 평화를 일구는 사람들은! 그들이 하나님의 아들딸이라고 불릴 테니까요. 마 5:9

자기를 희생하여 화목을 도모함은 하나님의 심성이다. 하나님이 평화의 신이시고 예수가 '평화의 왕'이시다.[주1]

제가 쓴 『세계관적 성경읽기』의 마지막 장 제목은 "기독교 세계관은 평화의 세계관이다"입니다. 그 책에서 저는 혐오와 차별, 독선과 대결의 근본주의 신학이 한국 사회에 기독교 세계관이라는 이름으로 퍼지고 있다고 진단했습니다.[주2] 기독교 세계관이라는 이름으로 기독교의 가치가 왜곡되고 있기에, 무엇이 진정한 기독교의 가치인지 다시 살펴보고 그 진정한 가치에 기초한 세계관은 어떤 모습일지 생각해 보았습니다. 제가 확인한 기독교 신앙의 핵심 가치는 평화였습니다.

평화는 성경의 핵심 가치일 뿐 아니라 21세기 한국 사회에도 매우 중요한 주제입니다. 70년이 지나도 공식적으로 끝나지 않은 한국 전쟁, "더글로리" 같은 드라마들이 보여 주는 일상 속의 폭력과 그로 인해 파괴되는 삶과 관계들, 나와 달라 보이는 존재들을 향한 차별과 혐오, 이런 것들이 점점 만연해지는 한국 사회에 한국 기독교가 다시 주목하고 깊게 성찰해야 하는 가치는 무엇보다 평화입니다.

기독교 세계관은 성경 전체 이야기뿐 아니라 예수님의 가르침과 삶, 죽음과 부활에 기초해야 합니다. 이런 점에서 예수님이 평화에 대해 어떻게 말씀하셨는지 궁금했습니다. 이것이 평화를 만드는 사람의 복을 담고 있는 팔복을 살펴보고 싶었던 이유입니다. 이번 장은 그야말로 평화를 만드는 사람의 복을 성찰합니다.

모두 평화입니다

마태복음 5:9을 여러 번역본으로 살펴보면서 확인해야 하는 것이 몇 가지 있습니다. 먼저 눈에 띄는 차이로 개역개정이 "화평"이라고 번역한 부분을 다른 번역들은 모두 "평화"라고 번역한 점입니다. 사실

개역개정 여러 곳에 나오는 "화평", "평강", "평안", "평화"는 모두 히브리어나 그리스어로는 같은 단어입니다.[주3] 평화를 뜻하는 그리스어 '에이레네'는 어근을 기준으로 신약에 99회 사용되었습니다. 그런데 개역개정은 그중에서 세 번만(눅 2:14; 19:38; 19:42) "평화"라고 번역해, 개역개정만 읽을 경우 "평화"라고 하면 왠지 낯설게 느껴지기까지 합니다. 하지만 "화평", "평강", "평안", 모두 "평화"입니다.

두 번째로 확인해야 하는 것은 개역개정이 "하나님의 아들"이라고 번역한 표현입니다. 개역개정은 "하나님의 아들"이라고 번역했는데 새번역은 "자기의[하나님의] 자녀", 새한글성경은 "하나님의 아들딸"이라고 번역했습니다. 새번역은 난외주를 통해 그리스어로는 "아들들"이라고 밝히지만, "자녀"라는 번역을 통해 본문이 말하는 대상에 여자도 들어간다는 사실을 명확히 합니다. 200주년기념성서나 공동번역개정은 여전히 "아들"이라고 번역했지만 이 말씀이 성별과 관계없이 적용되는 것은 분명합니다.

잊힌 세계관

기독교 세계관 이야기를 할 때 창조-타락-구속이라는 주제로 성경 전체의 틀을 제시하는 때가 가장 많습니다. 그런데 송인규 교수님은 골로새서 1:15-20을 토대로 창조-보존-화목이라는 틀을 제안하며 이 단락이 성경 전체 이야기를 잘 요약하고 있다고 설명합니다.[주4] 이 단락에서 우선 골로새서 1:20에 주목해 봅니다. 그 구절에는 "화평을 이루사"라는 표현이 있는데, 이 동사는 마태복음 5:9의 "화평하게 하는 자"와 어근이 같습니다. 단어들이 조금 복잡하고 길지만 적어 보겠습니다.

'에이레노포이에사스'(*eirenopoiesas*, 화평을 이루사, 골 1:20)

'에이레노포이오이'(*eirenopoioi*, 화평하게 하는 자들, 마 5:9)

이 단어들은 '화평' 또는 '평화'(그리스어로 '에이레네')와 '만들다'(그리스어로 '포이에오')의 합성어입니다. 이 두 단어의 합성어는 신약성경에 앞서 언급한 두 군데에만 나옵니다.[주5] 마태복음 5:9은 화평하게 하는 사람들, 즉 평화를 만드는 사람들은 하나님의 자녀라 불릴 것이라고 말했습니다. 골로새서 1:20은 그야말로 하나님의 아들이신 예수님이 평화를 만드셨다고 말합니다. 예수님은 어떤 평화를 어떻게 만드셨을까요? 골로새서 1:20 전체를 다시 읽어 봅니다. "그의 십자가의 피로 화평을 이루사 만물 곧 땅에 있는 것들이나 하늘에 있는 것들이 그로 말미암아 자기와 화목하게 되기를 기뻐하심이라."

예수님은 어떻게 평화를 이루셨습니까? 십자가의 피로 이루셨습니다. 예수님이 이루신 평화는 어떤 것입니까? 예수님이 이루신 평화를 통해 하나님은 만물과 화해를 이루셨습니다. 하나님은 그리스도의 십자가 피로 이룬 평화를 통해 만물과 화해를 이루시고 기뻐하셨습니다. 십자가의 피로 이룬 평화는 만물, 즉 존재하는 모든 것과의 평화입니다. 그리스도에게서, 그리스도로 말미암아, 그리스도를 위해 창조된 만물이(16절) 이제 그리스도로 말미암아 화목하게 되었습니다(20절). 하나님이 모든 것을 창조하셨듯이 하나님은 모든 것과 화목하십니다. 땅에 있는 것과 하늘에 있는 것 전부가, 하나님이 창조하신 전부가 하나님과 화목하게 되었습니다. 20절에 나오는 하늘, 땅, 그리고 만물은 창세기 1:1을 연상시킵니다.

이것은 골로새서 1:20이 들어 있는 단락이 만물의 창조로 시작하는 것과 매우 잘 어울립니다.

골로새서 1:15-20은 기독교 세계관의 가장 중요한 주제인 창조를 말하며 시작합니다. 하나님은 만물을 창조하셨습니다. 세상의 모든 것은 하나님이 창조하신 것입니다. 본문은 이 사실을 너무나 명확히 표현합니다. 이 본문에는 "만물"이 여섯 번이나 언급됩니다[16절(x2), 17절(x2), 18, 20절]. 더불어 그 만물을 "하늘에 있는 것들과 땅에 있는 것들", "보이는 것들과 보이지 않는 것들", "왕권, 주권, 권력, 권세" 등으로 더 상세히 묘사합니다(새번역 참조).

이렇게 창조로 시작한 단락은 보존과 화목으로 이어집니다. 이 단락은 크게 창조와 화목에 관한 부분(15-16, 18b-20절)과 그 둘 사이에서 서로를 연결하는 부분(17-18a절)으로 이루어져 있습니다.

창조에 관한 부분

15 그는 보이지 아니하는 하나님의 형상이시요 모든 피조물보다 먼저 나신 이시니
16 만물이 그에게서 창조되되 하늘과 땅에서 보이는 것들과 보이지 않는 것들과 혹은 왕권들이나 주권들이

나 통치자들이나 권세들이나 만물이 다 그로 말미암고 그를 위하여 창조되었고

연결 부분

17 또한 그가 만물보다 먼저 계시고 만물이 그 안에 함께 섰느니라
18a 그는 몸인 교회의 머리시라

화목에 관한 부분

18b 그가 근본이시요 죽은 자들 가운데서 먼저 나신 이시니 이는 친히 만물의 으뜸이 되려 하심이요
19 아버지께서는 모든 충만으로 예수 안에 거하게 하시고
20 그의 십자가의 피로 화평을 이루사 만물 곧 땅에 있는 것들이나 하늘에 있는 것들이 그로 말미암아 자기와 화목하게 되기를 기뻐하심이라

이러한 구조에서 연결 부분의 첫 구문, "그가 만물보다 먼저 계시고"는 창조에 대해 다시 확인하고, 마지막 구문 "그는 몸인 교회의 머리시라"는 평화와 화해를 내다보며 교회의 우주적 의미를 선언합니다.주6 그리고 그 가운데 있는 "만물이 그 안에 함께

섰느니라"는 창조와 화목 모두와 관련됩니다.

또한 그가 만물보다 먼저 계시고 (창조를 확인)
만물이 그 안에 함께 섰느니라 (창조와 화목 모두와 관련된 보존)
그는 몸인 교회의 머리시라 (평화와 화해를 내다봄)

그리스도는 온 세상을 창조하실 뿐 아니라, 깨어지고 망가진 세상이 다시 혼돈과 공허로 돌아가지 않게 붙잡고 보존하고 계십니다.[주7] 심지어 십자가에서 돌아가시는 순간에도 만물을 붙잡고 계셨습니다. 십자가에서 만물을 붙들고 계신 그리스도의 손에 못이 박혔지만, 그 못 박힌 자리에서 흘러나온 피는 화평을 이루는 피가 되었습니다.[주8] 이렇게 그리스도는 십자가의 피로 평화를 이루셨고, 이를 통해 만물을 하나님 또는 그리스도 자신과 화해케 하기를 기뻐하십니다.

20절은 화목을 벗어나는 것이 하나도 없다는 사실을 "땅에 있는 것들이나 하늘에 있는 것들"이라는 구문을 통해 다시 확인합니다. 이 구문의 어순은 흥미롭습니다. 만물의 창조를 말하는 16절에서는 "하늘에 있는 것들" 다음에 "땅에 있는 것들"이 언급되었는데(새번역 참조), 만물의 화목을 말하는 20절에서는 "땅에 있는 것들"이 먼저 나오고 그 다음에 "하늘에 있는 것들"이 언급됩니다. 이렇게 20절은 16절과 깔끔한 대칭을 이루며 그리스도의 창조, 보존, 화목 사역에 대한 찬양을 마무리합니다.

평화에 관해 성찰할 때 평화가 이루어지는 영역이 어디인지 질문하게 됩니다. 우리 개인 내면의 평화인가, 사람 사이의 관계인가, 사회의 평화, 나라들 사이의 평화도 말하는 것인가? 개인의 평화와 사람 사이의 관계를 당연히 포함하겠지만, 성경이 말하는 평화는 개인의 평안한 마음과 관계 이상입니다. 성경이 말하는 평화는 하나님이 창조하신 모든 영역에 임하는 평화며 그 안에서 사람들도 함께 누리는 평화입니다. 십자가의 피로 이루신 평화는 만물의 평화입니다. 마태복음 5:9도 이런 너른 품과 전망을 가지고 있습니다.

이렇게 마태복음 5:9과 골로새서 1:15-20을 살피고 나니 이런 질문이 생깁니다. 과연 하나님이 창조하시고, 하나님이 붙잡고 계시고, 하나님이 화목하게 하신다는, 창조에서 이어지는 보존과 화목에 관한 이야기를 우리가 언제 들어 보았던가, 하나님의 붙잡으시고 화목하게 하시는 일을 우리는 기억하고 있는가. 하나님이 만물을 창조하시고 만물과 화목하게 하신다는 사실을 잊으며 우리는 평화의 중요성도 함께 잊었습니다.

납작한 복음[주9]

우리는 세계관뿐 아니라 구원과 관련해서도 화해를 잊었습니다. 구원에 대해 가장 먼저 떠오르는 것은 믿음으로 의롭다 함을 얻는다는 개념일 것입니다. 이것을 신학 용어로 '칭의'라고 하는데, 이는 '의롭다고 여겨 주신다'는 의미의 법정 언어입니다. 하지만 이런 "법정의 칭의"가 구원의 전부는 아닙니다. 맥그래스는 법정의 칭의 외에도 전쟁터의 승리, 재활 치료소의 화해와 용서, 감옥에서의 해방과 속량, 병원의 치유와 회복, 이렇게 다섯 가지 이미지로 십자가에서 벌어진 구원을 설명합니다.[주10]

많은 분에게는 이 다섯 가지 심상 중에 법정의 칭의가 가장 익숙할 것입니다. 반면 재활 치료소의 화해와 용서는 가장 낯선 이미지일 것입니다.[주11] 이 이미지는 하나님과 우리의 관계가 십자가로 변화되는 방식에 관한 것입니다. 화해(reconciliation)는 깨진 관계가 회복되는 것입니다. 그리고 관계가 회복되려면 용서가 필요합니다. 그런데 용서와 화해는 말로 하는 선언으로만 이뤄지지 않습니다. 하나님의 용서 제안은 우리의 응답을 요청하며, 그 제안에 응해 용서를 받아들이는 책임을 요구합니다. 기쁨이 솟구치는 이 과정 속에 변화의 힘이 생겨나며, 그 힘은 용서와 화해를 이루고자 하는 의지를 일으킵니다. 이렇게 하나님과의 깨어진 관계가 회복된 사람은 예수님이 관계에서 배제된 사람들과 어울리셨듯이 관계에서 소외되고 깨어져 나간 사람들에 대해 관심을 갖습니다. 하나님이 죄인인 우리와 기꺼이 관계 맺기로 마음먹으셨듯이 우리도 "낙오자로 간주하는 이들과 관계 맺기"[주12]로 마음먹습니다. 하나님과의 관계를 회복하는 화해는 사람 사이의 관계를 회복하는 화해로 확장됩니다.

사실 화해와 용서라는 구원의 이미지가 아주 낯설지는 않습니다. 하나님과의 개인적 관계 회복에는 관심이 많기 때문입니다. 그러나 하나님과의 화해를 시작으로 펼쳐지는 사람과의 화해, 세상과의 화해,

창조세계와의 화해는 여전히 낯섭니다. 하지만 이제 그동안 잊었던 화해의 복음, 화해의 구원, 화해의 제자도를 다시 기억해야 합니다.[주13] 십자가의 평화를 통해 하나님이 만물과 화해를 이루셨다는 것을 기억해야 합니다. 화해라는 심상으로도 구원을 더욱 풍성히 이해해야 합니다. 그렇지 않을 때 우리의 복음은 "납작한 복음"이 되고 맙니다.

참으로 온전하고 풍성한 복음이 말하는 화해는 "하나님과의 화해로부터 시작해서 그리스도 안에서의 화해된 공동체와 함께 계속[됩니다]."[주14] 화해에는 하나님과의 관계인 수직적인 측면뿐 아니라 이웃과의 관계인 수평적인 측면이 함께 있습니다. 이 사실을 가장 명확하게 드러내는 본문 중 하나는 에베소서 2:11-22입니다. 바울은 11-13절에서 이방인 그리스도인들에게 그들이 원래 어떤 존재였는지, 그리고 어떤 존재가 되었는지 설명합니다. "이제는 전에 멀리 있던 너희가 그리스도 예수 안에서 그리스도의 피로 가까워졌느니라"(13절). 원래 그리스도 바깥에 있었습니다. 이스라엘 바깥의 사람이었습니다. 외인이었습니다. 소망이 없었습니다. 하나님도 없었습니다. 그런데 그들이 그리스도의 피로 예수 안에서 가까워졌습니다. 하나님과 가까워졌습니다. 그러나 하나님뿐 아니라 함께하는 유대인 그리스도인들과도 한 몸이 됩니다. 14-22절이 이 사실을 명명백백히 확인합니다.

그는 우리의 **화평**이신지라 둘로 하나를 만드사 원수 된 것 곧 중간에 막힌 담을 자기 육체로 허시고 법조문으로 된 계명의 율법을 폐하셨으니 이는 이 둘로 자기 안에서 한 새 사람을 지어 **화평**하게 하시고 또 십자가로 이 둘을 한 몸으로 하나님과 화목[화해]주15하게 하려 하심이라 원수 된 것을 십자가로 소멸하시고 또 오셔서 먼 데 있는 너희에게 **평안**을 전하시고 가까운 데 있는 자들에게 **평안**을 전하셨으니 이는 그로 말미암아 우리 둘이 한 성령 안에서 아버지께 나아감을 얻게 하려 하심이라 그러므로 이제부터 너희는 외인도 아니요 나그네도 아니요 오직 성도들과 동일한 시민이요 하나님의 권속이라 너희는 사도들과 선지자들의 터 위에 세우심을 입은 자라 그리스도 예수께서 친히 모퉁잇돌이 되셨느니라 그의 안에서 건물마다 서로 연결하여 주 안에서 성전이 되어 가고 너희도 성령 안에서 하나님이 거하실 처소가 되기 위하여 그리스도 예수 안에서 함께 지어져 가느니라.

이 장을 시작하면서 확인했듯이 개역개정이 "화평", "평안"이라고 번역한 단어들은 모두 "평화"라고 번역할 수 있는 그리스어 '에이레네'입니다. "평화"가 얼마나 자주 언급되는지 그 중요성을 놓칠 수 없습니다. 그리스도는 평화이십니다. 우리의 평화이십니다. 그 평화는 둘을 하나로 만들었습니다. 원수를 가르는 담이 무너졌습니다. 그렇게 새 사람을 만들었습니다. 이방인 그리스도인 공동체에 평화를 전하시고, 가까이 있는 자들에게도 평화를 전하신 것이 그리스도께서 십자가로 이루신 일이었습니다. 그래서 유대인이나 이방인이나 다 같이 하나님의 가족이 되었습니다. 그리고 하나님의 성전으로 지어져 갑니다. 하나님과의 평화는 하나님뿐 아니라 사람들과의 평화까지 이루어냅니다. 과연 복음을 이야기할 때, 세계관을 이야기할 때, 그리스도의 삶을 이야기할 때, 우리는 이 평화의 관계를 얼마나 중요하게 생각해 왔는지 짚어 보게 됩니다.

평화는 실로 성경 전체가 품고 있는 궁극의 비전입니다. 평화는 오래 전부터 기다려 온 구원의 복된 소식입니다. "좋은 소식을 전하며 평화를 공포하며 복된 좋은 소식을 가져오며 구원을 공포하며 시온을 향하여 이르기를 네 하나님이 통치하신다 하는 자의 산을 넘는 발이 어찌 그리 아름다운가"(사 52:7). 평화는 그리스도가 고난을 받기까지 우리에게 베푸시고자 했던 은혜입니다. "그가 찔림은 우리의 허물 때문이요 그가 상함은 우리의 죄악 때문이라 그가 징계를 받으므로 우리는 평화를 누리고 그가 채찍에 맞으므로 우리는 나음을 받았도다"(사 53:5). 평화는 하나님의 땅에 펼쳐지는 하나님의 기쁨입니다. "지극히 높은 곳에서는 하나님께 영광이요 땅에서는 하나님이 기뻐하신 사람들 중에 평화로다"(눅 2:14). 평화의 부재는 예수님의 슬픔이었습니다. "가까이 오사 성을 보시고 우시며 이르시되 너도 오늘 평화에 관한 일을 알았더라면 좋을 뻔하였거니와 지금 네 눈에 숨겨졌도다"(눅 19:41-42). 사도들은 마지막 인사를 할 때 평화의 하나님을 말합니다. "평화를 주시는 하나님께서 여러분 모두와 함께 하시기를 빕니다"(롬 15:33, 새번역. 참조. 고후 13:11; 살전 5:23; 히 13:20). 그리스도 안에서 새로운 피조물이 된 우리는 화해의 직분을 받았습니다. "그런즉 누구든지 그리스도 안에 있으면 새로운 피조물이라…모든 것이 하나님께로서 났으며 그가 그리스도로 말미암아 우리를 자기와 화목하게 하시고 또 우리에게 화목하게 하는 직분을 주셨으니"(고후 5:17-18). 평화는 하나님 자녀의 정체성이자 소명입니다. "평화를 이루는 사람은 복이 있다. 하나님이 그들을 자기의 자녀라고 부르실 것이다"(마 5:9, 새번역). 성경은 평화로 가득합니다. 그런데 우리는 평화의 하나님을 잊었고, 화해케 하는 구원을 잊었고, 화해의 십자가를 잊었습니다. 그래서 사람들과의 평화도 잊었습니다. 이것이 잊힌 세계관, 납작한 복음입니다.

십자가에 머무셨던 하나님의 아들

평화를 이루는 사람은 복이 있다는 선언과 하나님이 그들을 자기의 자녀라고 부르실 것이라는 이유가 왜, 어떻게 연결될까요? 어떤 학자는 평화가 하나님과 연관된 것은 분명하지만, 평화를 만드는 사람이 되는 것과 하나님의 자녀라고 불리는 것이 원래부터 명시적으로 연결되어 있음을 찾기는 어렵다고 설명합니다.주16 하지만 평화를 만드는 것이야말로, 십자가를 통해 평화를 만들었던 하나님을 가장 많이 닮은 행동입니다. 그러니 평화를 만드는 사람들이 하나님을 닮은 하나님의 자녀가 되는 것은 매우 자연스럽습니다. 그런데 평화를 만드는 길이 십자가의 길이라는 사실은 평화를 만드는 것과 하나님의 자녀 됨의 연결을 더 깊게 생각할 것을 요청합니다.

하나님의 자녀라는 정체성과 평화의 관계를 설명하기 위해 예수님과 관련해 하나님의 아들이라는 표현이 쓰인 마태복음 본문들을 살펴보면 몇 가지 흥미로운 사실들을 확인할 수 있습니다. 마태복음 4장에서 예수님이 시험을 받으실 때 사탄이 이렇게 말합니다. "네가 만일 하나님의 아들이어든 명하여 이 돌들로 떡덩이가 되게 하라"(4:3). 첫 번째 시험입니다. "네가 만일 하나님의 아들이어든 뛰어내리라…손으로 너를 받들어 발이 돌에 부딪치지 않게 하리로다"(4:6). 두 번째 시험입니다. 두 시험 모두 하나님의 아들이면 뭔가 해낼 수 있는 능력을 지니고 있고, 보호받을 것이라고 말합니다(세 번째 시험에는 "하나님의 아들"이 언급되지 않습니다). 뭔가 해낼 수 있는 능력을 보여 주어 하나님의 아들임을 증명하라고 시험합니다.[주17] 그런데 예수님은 사탄이 제시한 방식으로 자신이 하나님의 아들임을 증명하지 않으십니다.

마태복음 16:16에서 베드로는 예수님이 누구신지 정답을 말합니다. "주는 그리스도시요 살아 계신 하나님의 아들이시니이다." 예수님은 이렇게 대답한 베드로를 칭찬하십니다. 그런데 조금 지나고 예수님은 자신이 예루살렘에 가서 고난받고 죽임당할 것을 말씀하십니다. 그러자 베드로가 예수님께 항변합니다. 이 때 항변이라는 단어는 마가복음 평행 본문에서 예수님이 베드로를 꾸짖었다고 번역된 것과 같은 단어입니다(그리스어로 '에피티마오', 막 8:33). 그러니까 베드로가 예수님을 꾸짖은 셈입니다. 베드로는 예수님이 하나님의 아들이라고 고백하고 칭찬받았습니다. 그러나 그런 베드로도 "하나님의 아들"이신 분이 예루살렘에 들어가 십자가에서 고난받고 죽으시는 것은 전혀 상상할 수 없었습니다. 하나님의 아들과 고난을 결코 연결할 수 없었습니다. 하나님의 아들인 예수님이 고난받는 일은 있을 수 없다고 예수님을 꾸짖는 베드로에게 예수님은 "사탄아 내 뒤로 물러가라"라고 하십니다. 그리고 이렇게 말씀하십니다. "나를 따라오려거든 자기를 부인하고 자기 십자가를 지고 나를 따를 것이니라"(마 16:24).

"하나님의 아들"이라는 표현이 마태복음 마지막에

서 두 번째 장인 27장 후반부에 집중해서 세 번 등장합니다(40, 43, 54절). 이 모두 예수님이 십자가에 달려 계신 동안 나온 말입니다. 십자가에 달려 있는 예수님을 보고 사람들이 이렇게 말합니다. "네가 만일 하나님의 아들이어든 자기를 구원하고 십자가에서 내려오라"(40절). 하나님의 아들 됨과 십자가의 죽음은 전혀 어울려 보이지 않았습니다. 하나님의 아들이면 성전 꼭대기에서 뛰어내릴 수 있어야 하고, 고난을 받지 말아야 하고, 자신을 구원해 십자가에서 내려올 수 있어야 했습니다. 대제사장, 서기관, 장로들은 예수님이 "나는 하나님의 아들이라"고 했으니 하나님이 구원해 주셔야 되는 것 아니냐며 예수님을 희롱합니다(43절). 그러나 진정한 하나님의 아들은 "십자가에서 내려오라"는 도전과 하나님의 침묵에 대한 희롱 앞에 굴하지 않고 십자가에 머무셨습니다. 십자가에서 내려오지 않으셨습니다. 하나님의 아들이었는데 말입니다.

예수님이 십자가에서 내려오지 않고 그대로 그 위에서 돌아가시자, 그제서야 백부장과 함께 예수님을 지키던 자들이 그 십자가에서 죽으신 사건 이후에 벌어진 상황을 보며 고백합니다. "이는 진실로 하나님의 아들이었도다"(54절). 자기를 스스로 구원하지 않았던 예수님의 죽음이 일으킨 일들을 보며 예수님이 진실로 하나님의 아들이었다고 백부장이 고백합니다. 하나님의 아들 됨이 십자가에서의 죽음으로 드러났습니다.

그러나 사람들은 반대로 생각합니다. 하나님의 아들이 십자가에서 죽을 리 없습니다. 하나님의 아들이라면 성전 꼭대기에서 뛰어내릴 수 있어야 합니다. 하나님의 아들이라면 고난이 없어야 합니다. 하나님의 아들이라면 자기 스스로를 구원해 십자가에서 내려올 수 있어야 합니다. 그러나 예수님이 진실로 하나님의 아들이라는 고백은 십자가에서 내려오는 능력을 보이신 때가 아니라 십자가에 그대로 머물러 돌아가셨을 때였습니다. 이것이 골로새서 1:20이 말한 십자가의 피로 평화를 이루신 방식이었습니다. 평화는 편안하게 이루어지지 않았습니다. 평화를 만드는 길은 십자가의 길이었습니다. 그 길을 걸은 분이 하나님의 아들이셨고 이제 그 길을 걷는 자들이 하나님의 자녀라고 불립니다. 평화는 하나님의 자녀들이 하나님의 뜻 앞에서 자기희생을 감내할 때 비로소 이루어집니다.

여기서 한 가지 풀어야 될 문제가 있습니다. "십자가의 길이 평화의 길, 폭력을 쓰지 않는 길, 자신을 다 내려놓는 길이었다"는 이야기를 들을 때, 성경을 열심히 읽었던 분들은 마태복음 10:34이 생각날 수 있습니다. "내가 세상에 화평을 주러 온 줄로 생각하지 말라 화평이 아니요 검을 주러 왔노라"(여기 '주다'는 그리스어로 '던지다'입니다). 평화와 비폭력에 관한 이야기를 할 때면 이 본문을 짚어서 질문하는 분들을 만나게 됩니다. "너희는 내가 세상에 평화를 주려고 온 줄로 생각하지 말아라. 평화가 아니라 칼을 주려고 왔다"(새번역)는 예수님의 말씀을 어떻게 이해해야 할까요?

누가는 '칼을 주러 왔다'는 표현이 은유적 상징이라는 것을 확실히 하기 위해 이렇게 풀어 설명합니다. "내가 세상에 화평을 주려고 온 줄로 아느냐 내가 너희에게 이르노니 아니라 도리어 분쟁하게 하려 함이로라"(눅 12:51). 예수님이 칼을 주러 오셨다는 말은 누군가를 해칠 무기를 주신다는 의미가 아니라 예수님을 믿고 따라갈 때 분쟁과 어려움과 갈등이 일어난다는 뜻입니다.[주18]

그러고 보니 팔복의 마지막 복이 눈에 들어옵니다.

의로 인해서 핍박을 받는 사람은 복이 있다고 말합니다. 5:9-10은 그리스도인과 세상의 관계가 담겨 있는 구절입니다. 다른 복들도 그렇지만 특히 마지막 두 복은 그리스도인이 세상에서 어떻게 살아가는지와 관련되어 있습니다. 평화를 추구하고 만들어 낼 때, 세상이 그들을 하나님의 자녀라고 인정합니다.[주19] 반면에 정의를 구할 때 세상이 핍박하기도 합니다. 이 두 절을 함께 생각할 수 있다면, 그리고 실제로 평화와 정의가 함께 가는 것이라면, 반대의 반응도 있을 수 있습니다. 평화를 구할 때 핍박받기도 하고 의를 추구할 때 칭찬받기도 할 것입니다.

십자가의 길을 걷는 것, 평화의 길을 걷는 것이 항상 편안하지만은 않습니다. 그것은 무엇보다 죽음의 길이었습니다. 칼의 희생자가 되는 일이었습니다. 예수님이 칼을 주러 오셨다는 말씀은, 누가의 표현을 빌려 분쟁을 일으키러 오셨다는 뜻으로 이해한다면, 우리가 그 칼을 받아 무기로 사용하는 사람이 아니라 칼의 희생자가 될 수 있다는 말씀이 됩니다. 다시 말해, 예수님이 던지시는 칼은 하나님 나라의 좋은 소식을 선포하는 자들과 그 좋은 소식을 받지 않으려고 거절하는 사람들 사이에 발생하게 될 분열에 대한 은유입니다.

하나님의 자녀는 하나님이 하시는 일을 합니다.[주20] 하나님은 평화를 만드셨습니다. 하나님 아들의 능력을 발휘해 십자가에서 내려오지 않고, 잠잠히 십자가에 머무신 것이 평화를 만드는 길이었습니다. 우리도 그렇게 평화를 만들어 갑니다.

세상과 함께하는 평화, 세상이 알아보는 하나님의 자녀

'평화를 만드는 사람'이라는 말을 들으면, 평화의 의미, 평화의 내용, 그리고 평화가 만들어지는 장소에 대한 질문들이 생깁니다. 평화를 만든다는 건 어떤 의미일까요? 불안함과 초조함을 물리치고 내적인 평화를 만드는 것일까요? 갈등과 경쟁을 피하고 다른 사람과 바른 관계를 맺어 가는 것일까요? 아니면 전쟁 없는 세상을 만드는 것일까요? 샬롬의 세상을 이루어 간다는 것은 어떤 의미일까요?[주21]

이 질문들에 대한 답을 찾아 가는 하나의 과정으로 2000년 6월 25일에 옥한흠 목사님이 하셨던 설교를 나누려 합니다. 저는 이 설교를 통해 평화를 이루는 영역과 평화를 이루어 가는 사람이 어떤 사람인가라는 것에 대해 통찰을 얻었습니다. 또한 이 설교를 통해 누가 평화를 만드는 사람들을 하나님의 자녀라고 불러주는지에 대한 옥한흠 목사님의 해석을 엿볼 수 있었습니다. 이 설교는 제가 듣고 읽은 화평케 하는 자에 대한 여러 설교 중 좋은 의미에서 가장 충격적인 설교였습니다(20년이 넘은 이 설교는 "하나님의 아들"이라는 표현을 사용합니다만, 그것이 예수님이 아니라 사람들에게 적용될 때는 성과 관계없이 "하나님의 자녀"를 의미하는 것으로 이해하시면 됩니다).주22

군인과 민간인을 합해서 450만 명 이상의 인명 피해를 냈던 악몽 같은 한국전쟁이 발발한 지 벌써 50년이 지났습니다. 하지만 해마다 6월이면 우리의 마음 한구석에 또다시 슬픔과 고통이 밀려오는 것을 보면, 반세기의 세월도 그 때 입은 상처를 다 아물게 하기에는 역부족인 것 같습니다.
2000년 6월 13일, 우리는 이와 같은 우울한 감정을 한꺼번에 날려 버릴 정도로 엄청난 충격과 함께 벅찬 감격을 맛보았습니다. 우리는 남북의 두 정상이 평양 순안공항에서 만나, 두 손을 잡고 활짝 웃으며 서로를 반기는 모습을 텔레비전을 통해 볼 수 있었습니다. '어떻게 저런 일이 있을 수 있을까?' 하는 의구심을 털어내지 못하면서도 계속 반복해 보여 주는 장면들을 뚫어져라 쳐다보았습니다.…

두 정상이 활짝 웃으며 서로 반기는 모습을 보면서 그 두 사람이 하나님의 아들이라는 생각을 하게 되었습니다. 틀림없이 그 순간 그들은 하나님의 아들이었습니다. 분명 어떻게 그들을 하나님의 아들이라고 부를 수 있는지 따지고 싶은 분들도 계실 겁니다. "화평케 하는 자는 복이 있나니 저희가 하나님의 아들이라 일컬음을 받을 것임이요"(마 5:9)라고 하신 말씀에 비추어볼 때, 오랜 원한을 일시에 접고서 손을 맞잡고 흔들던 두 정상과 그 정상회담을 성사시키기 위해 보이지 않는 곳에서 땀 흘리며 수고한 모든 사람이야말로 하나님의 아들이라는 생각을 하지 않을 수 없었습니다.…

이 정상회담의 성사를 위해 중직을 맡아 수행한 사람들이 거의 모두 그리스도인이었다는 것입니다.…중요한 직책을 맡은 분들의 약 90퍼센트가 그리스도인이라는 말입니다. 예수님을 잘 믿는 사람들이 함께 힘을 모아서 남북한의 화해를 끌어냈다고 생각할 때 가슴이 벅찼습니다. 그들이야말로 하나님의 아들들이 아닐 수 없습니다.

"어떻게 김정일 국방위원장 같은 사람을 하나님의 아들이라고 할 수 있는가?"라고 물으면 할 말이 없습니다. 그러나 우리는 다시 예수님의 말씀을 상기해야 합니다. "화평케 하는 자는 복이 있나니 저희가 하나님의 아들이라 일컬음을 받을 것임이요." 누구에게 일컬음을 받는다는 말입니까? 세상 사람들로부터 정말 하나님의 아들 같다는 말을 듣는 것입니다. 하나님의 아들이 따로 있습니까? 원수끼리 서로 만나서 손을 잡고 화해하면 하나님의 아들입니다. 그러므로 김정일 국방위원장이 진정으로 우리 민족의 평화와 행복과 우리 후손들의 안녕을 위해 가슴을 열고 대한민국 대통령을 만났다고 한다면, 그 순간만큼은 그 사람도 하나님의 아들임에 틀림이 없다고 저는 믿습니다. 놀라운 일입니다. 하나님은 화평을 사랑하십니다. 하나님은 평화의 왕이십니다.주23

이 설교를 접하고 두 가지 생각을 했습니다. 먼저 이 설교는 말씀 앞에 이념을 상대화합니다. 이념이 아니라 말씀이 사회에서 벌어지는 일에 대한 평가 기준입니다. 물론 성경을 아무런 선입견 없이 완전히 객관적으로 해석할 수는 없습니다. 그러나 아무리 성경에 기초한 이야기라 하더라도 그것이 자신이 가지고 있는 이념을 불편하게 할 때 폭력적으로까지 반응하는 한국 기독교의 상황을 생각하면 마태복음 말씀에 기초해 자신의 이념을 거스를 수도 있는 결론을 내리는 것은 성경을 존중하는 그리스도인이라면 반드시 배우고 익혀야 할 태도입니다. 이런 태도야말로 그리스도의 평화를 일구는 기초입니다.

다음으로 이 설교는 "하나님의 아들이라[자녀라] 일컬음을 받을 것임이요"라는 표현을 신적 수동태로, 즉 하나님을 행위자로 이해하지 않았습니다. 새번역은 평화를 이루는 사람이 복된 이유를 설명하는 부분을 "하나님이 그들을 자기의 자녀라고 부르실 것이다"라고 번역했습니다. 새번역은 이미 4절과 7절을 하나님을 주어로 하는 능동으로 번역했습니다("하나님이 그들을 위로하실 것이다", "하나님이 그들을 자비롭게 대하실 것이다"). 이렇게 번역할 경우 복된 사람들이 받는 위로, 자비, 호칭이 하나님이 아닌 다른 사람들로부터 오는 가능성은 없어집니다. 위로와 자비는 궁극적으로 하나님이 주시는 것으로 이해해도 큰 문제가 없어 보입니다. 하지만 하나님의 자녀라는 호칭의 경우, 하나님이 아니라 사람들이 평화를 이루는 사람들을 그렇게 부를 가능성이 전혀 없을까요? 평화의 보편적 가치를 생각할 때, 오히려 이 가능성을 열어 놓는 것이 중요해 보입니다. 그리고 그것이 옥한흠 목사님의 해석이었습니다. 즉, 평화를 만드는 사람들을 하나님이 자신의 자녀라고 불러주시는 것이 아니라, 사람들이 평화를 일구는 사람들을 하나님의 자녀로 알아본다고 해석했습니다. 이런 해석은 특히 9절과 10절을 함께 생각해 보면 적절합니다. 9절과 10절 둘 다 세상 속에서 그리스도인의 삶을 말하고 있습니다. 9절에서는 평화를 일굴 때 세상이 그들을 하나님의 자녀라고 알아봅니다. 우리는 여기서 기독교의 가치가 교회뿐 아니라 세상에서도 통한다는 것을 확인합니다. 평화는 세상과 함께하는 것입니다.

2000년에서 30년을 더 거슬러 올라가 봅니다. 1970년 11월 13일은 청년 노동자 전태일이 "근로기준법을 준수하라!" "우리는 기계가 아니다!" "일요일은 쉬게 하라!" "노동자들을 혹사하지 말라!" "나의 죽음을 헛되이 하지 말라!"고 외치면서 형식에 불과했던 근로기준법을 자신의 몸으로 불태우며 목숨을 내어 놓은 날입니다. 그의 생일이 1948년 9월 28일이었으니, 이 일은 그가 스물두 살을 갓 넘긴 후였습니다. 그가 1970년부터 일했던 공장이 있던 곳은 평화 시장입니다. 그는 기독교 대한감리회 갈릴리교회, 당시 창현교회 성도였고, 주일학교 교사로 봉사하던 독실한 그리스도인이었습니다.주24 자신의 목숨을 내어 주어 함께하는 동료 노동자의 삶에 샬롬을 만들고자 했던 청년 노동자 전태일은 "하나님의 아들[자녀]임에 틀림이 없다고 저는 믿습니다"(참조. 요 15:13; 요일 3:16).

옥한흠 목사님의 설교와 청년 전태일의 이야기를 나눴습니다. 이 두 이야기는 우리가 추구하고 만들어야 할 평화의 지평을 보여 줍니다. 평화는 우리 내면의 문제로 그치지 않습니다. 평화에는 하나님과의 수직적 관계 이상의 차원이 있습니다. 또한 교회 안에서 이루어지는 평화로 끝나지 않습니다. 평화는 세상과 함께합니다. 그래서 세상과 함께하는 평화를 만드는 사람들을 세상은 하나님의 자녀라고 알아봅니다. 시편 34:14은 이렇게 도전합니다. "악을 버리고 선을 행하며 화평을 찾아 따를지어다"(개역개정), "평화를 찾기까지, 있는 힘을 다하여라"(새번역), "평화를 이루기까지 있는 힘을 다하여라"(공동번역개정). 평화를 이루기 위해 힘을 다할 때, 하나님의 자녀라 불릴 것입니다.

다음은 어느 교회의 교인 서약 일부입니다.

나는 예수 그리스도의 제자로서 합당한 삶을 살아가도록 애쓰겠습니다.
나는 평화의 주님이신 그리스도를 본받아 이 땅에서 환대와 대화를 추구하며 중심이 아닌 경계에서 세상을 보듬어 가는 일에 헌신하겠습니다.

우리는 과연 이런 서약을 흔쾌히 할 수 있을까요? 방금 이야기했던 한반도의 평화와 한국의 노동 현장 문제 같은 것들을 생각할 때, 이 서약의 무게는 만만치 않습니다. 그러나 이 서약의 "애쓰겠습니다"라는 표현에 용기를 내 봅니다. 평화를 일구는 제자의 삶을 산다고 감히 말하지는 못하지만, 그런 삶을 살도록 "애쓸" 수는 있으니까요. 더불어 이 평화의 여정에 나 혼자가 아니라 공동체가 함께한다는 사실에 용기를 좀 더 내 봅니다. 팔복은 복 있는 사람이 아니라 복 있는 사람들에 관한 이야기, 제자들의 공동체에 대한 이야기이기 때문입니다. 평화와 십자가의 길, 평화를 구하는 제자도와 공동체의 소명에 대해 리처드 헤이스가 쓴 글을 제 말로 풀어 봅니다.

　우리가 평화를 추구하는 것은 성경의 증언 때문입니다. 하나님의 아들인 예수님은 십자가의 죽음을 스스로 택하셨습니다. 우리는 그런 예수님께 그리고 그 죽음을 함께 뜻하셨던 하나님께 순종해 평화를 선택합니다. 우리는 십자가의 죽음이 어떻게 평화를 이루는지 그 과정을 정확하고 구체적으로 알지 못합니다. 그러나 하나님의 사랑이 결국 십자가의 길을 통해 승리할 것을 소망하고 기대합니다. 그리고 이것이 성경이, 특히 신약성경이 우리를 부르는 제자의 삶입니다. 그리고 그 제자의 삶을 함께 살아가는 공동체가 있습니다. 평화로의 부름에 신실한 공동체야말로 폭력으로 난파된 세상 속에서 평화로운 하나님 나라의 맛보기입니다.[주25]

　잊힌 평화의 세계관을 다시 기억하고 싶습니다. 평화를 잃어버리고 납작해진 복음을 다시 회복하고 싶습니다. 잃어버린 화해의 제자도를 다시 찾고 싶습니다. 힘으로 십자가에서 내려오지 않고 십자가에 머무는 것이 그 평화를 이루는 길입니다. 그래서 우리 공동체와 또 하나님의 형상인 모든 사람과 함께 평화의 세상을 일구며 살고 싶습니다.

9
신앙의
이유

복 있습니다, 정의 때문에 박해를 받아 온 사람들은! 마 5:10

고아를 동정하며 과부를 위하여 변호함은 세상의 호감을 사는 소이*가 아니다. 압제당한 자와 같이 울고 억울한 일 당한 자와 함께 분개함은 강자의 노기에 촉발하는 이유가 된다.[주1]

제 유튜브 채널 〈민춘살롱〉에 하나님을 보는 복이 필요한 이유를 설명했던 설교를 쇼츠로 만들어 올렸습니다. 그 영상 내용은 이렇습니다.

하나님 없는 것 같은 세상, 하나님이 없다고 조롱하는 세상에서 평화를 만들어 내고 박해를 즐거워하려면 하나님을 보아야 합니다. 마음이 깨끗해야 합니다. 그래야 하나님을 볼 수 있기 때문입니다. 그래야 우리 신앙의 의미를 다시금 견고히 붙잡을 수 있기 때문입니다. 그래야 미끄러지던 발에 힘을 주어서 다시 일어날 수 있기 때문입니다.[주2]

▪ 소이: 까닭.

그런데 이 영상에 댓글이 달렸습니다. "ㅋㅋㅋㅋㅋㅋㅋㅋ 박해를 즐거워해? 마조야?"[주3] 기독교인은 아니신 것 같았습니다. 그래서 저는 이렇게 답을 했습니다. "마태복음 5장 11-12절을 풀어서 이야기한 것인데 댓글 말씀을 들어 보니 정말 그렇네요.…이 말이 얼마나 어처구니없는 것인지 다시금 절감하게 됩니다…."

이 대화의 소재인 팔복의 마지막 복(5:10)과 그것을 좀 더 자세히 설명한 5:11-12은 이렇습니다. "의를 위하여 박해를 받은 자는 복이 있나니 천국이 그들의 것임이라. 나로 말미암아 너희를 욕하고 박해하고 거짓으로 너희를 거슬러 모든 악한 말을 할 때에는 너희에게 복이 있나니 기뻐하고 즐거워하라. 하늘에서 너희의 상이 큼이라. 너희 전에 있던 선지자들도 이같이 박해하였느니라." 이 말씀은 흔쾌히 받아들이기도, 완전히 이해하기도, 온전히 실천하기도 어렵다고 이미 생각하고 있었습니다. 그런데 막상 '마조' 아니냐는 조롱 섞인 반응을 만나니, 댓글에 썼던 대로 정말 박해를 즐거워한다는 것은 참으로 어처구니없는 말이라는 사실을 새삼스레 실감했습니다. 그리고 다시 질문해 봅니다. 박해를 받는 것이 정말로 복일까? 박해를 너무 쉽게 생각하는 것은 아닐까? 박해를 받는 것이 복이라면 나는 이 복을 바라고 있을까? 설령 복이라 하더라도, 다른 복도 많은데 굳이 이 복까지 바라야 할까? 박해를 받을 때 복이라 느껴 진정 즐거워할 수 있을까?

신앙의 이유

팔복은 그야말로 세상의 방식과 다른 뒤집힌 복입니다. 마음이 가난한 사람, 슬퍼하는 사람, 온유한 사람이 복이 있다니, 이것은 사람들의 생각과 경험과 너무나 다릅니다. 여기에 마지막에 나오는 의를 위하여 박해를 받은 자의 복은 팔복이 뒤집힌 복이라는 사실을 다시금 분명히 합니다. 그러면서 우리에게 질문을 던집니다. 박해를 초래하는 신앙이라면 그런 신앙을 가질 이유가 있을까?

개역개정은 10절에 나오는 박해의 이유를 "의"라고 번역했습니다. 이것은 6절에서 보았던 것처럼 그리스어 '디카이오쉬네'의 번역어로, 공동번역개정은 "옳은 일", 새한글성경은 "정의", 가톨릭성경과 200

주년기념성서는 "의로움"으로 번역했습니다. '디카이오쉬네'의 의미를 다시 짚어 보면, "의"는 세상을 바르게 하시는 하나님의 다스림에 어울리는 존재 양식입니다. 이 단어는 하나님이 우리에게 요구하시는 사회적, 경제적, 인종적, 정치적 차원의 보편적 정의에 관한 것으로, 최소한 마태복음에서는 '디카이오쉬네'를 '정의'라고 번역하는 것이 적절합니다.

11-12절은 10절의 "박해"라는 주제를 이어 갑니다. 이때 박해의 이유를 더 설명합니다. 10절이 말하는 박해의 이유는 정의입니다. 그런데 11절이 말하는 이유는 예수님입니다. 9절에서 평화와 예수님을 함께 생각했던 것처럼, 이제는 정의와 예수님을 함께 생각해야 합니다. 그리고 박해도 함께 말입니다. 예수님을 믿고 따르기로 할 때, 어떤 일들을 기대하셨는지요? 우리가 박해를 예상했던가요?

정의와 예수님의 연결은 박해뿐 아니라 10절과 11절에 반복되는 단어를 통해서도 확인됩니다. 우리말 성경에는 다르게 번역되었지만, 10절의 "위하여"와 11절의 "말미암아"는 그리스어로 같은 단어입니다. '헤네켄'(또는 '헤테카')이라는 단어로 '~ 때문에', '~를 위하여', '~로 말미암아'라고 번역됩니다. 이 단어의 용례는 매우 흥미롭습니다. 이 단어가 예수님과 관계되어서 나올 때는 항상 고난과 박해와 관련됩니다. 즉, 예수님으로 말미암아 벌어지는 일, 예수님을 위하는 일은 모두 고난과 박해입니다(요 15:18-20; 딤 3:12 참조).

- 또 너희가 나로 말미암아 총독들과 임금들 앞에 끌려가리니 이는 그들과 이방인들에게 증거가 되게 하려 하심이라. (마 10:18)
- 자기 목숨을 얻는 자는 잃을 것이요 나를 위하여 자기 목숨을 잃는 자는 얻으리라. (마 10:39)
- 누구든지 제 목숨을 구원하고자 하면 잃을 것이요 누구든지 나를 위하여 제 목숨을 잃으면 찾으리라. (마 16:25)
- 또 내 이름을 위하여 집이나 형제나 자매나 부모나 자식이나 전토를 버린 자마다 여러 배를 받고 또 영생을 상속하리라. (마 19:29)

이 구절들에 나오는 '위하여'를 '때문에'라고 번역할 수도 있습니다. 예수님을 위하여 목숨을 잃는다고 하면, 우리가 그런 삶을 능동적으로 선택하는 것 같습니다. 그런데 예수님 때문에 잃는다고 하면 우리의 의지나 의도와 관계없이 목숨을 잃을 수 있다는 의미도 가능합니다. 예수님을 따르는 신앙은 위험합니다. 마태복음 19:29의 경우, 상과 위로가 언급되기는 합니다. 그러나 예수님을 위해서 하는 이 행동들, 또는 예수님 때문에 겪게 되는 이 일들을 미리 생각하지 않는다면 '내가 이러려고 예수님을 믿었나?'라고 생각하게 될 것입니다.

마태복음뿐 아니라 마가복음이나 누가복음에서도 똑같은 구절들을 다시 만납니다. 복음을 위하면 목숨을 잃게 됩니다(막 8:35; 눅 9:24). 복음을 위하고 예수님을 위하면 집이나 형제나 자매나 어머니나 아버지나 자식이나 전토를 버리게 됩니다(막 10:29; 눅 18:29). 예수님 때문에 권력자들 앞에 끌려가고 회당에서 매질도 당합니다(막 13:9; 눅 21:12). 예수님 때문에 사람들은 제자들을 미워하고 멀리하고 욕하고 폄훼하고 버립니다(눅 6:22). 복음서뿐만이 아닙니다. 로마서 8:36은 "우리가 종일 주를 위하여 죽임을 당하게 되며 도살 당할 양 같이 여김을 받았나이다"라는 시편 44:22을 인용하는데, 여기도 마찬가지입니다. 이래도 우리는 예수님을 위해 살고 싶을까요?

욥기야말로 신앙의 이유를 묻는 책입니다. 욥기의

중요한 주제어는 "까닭 없이"(히브리어로 '힌남')입니다. 고발자가 하나님 앞에 서서 이렇게 도전합니다. "욥이 어찌 까닭 없이 하나님을 경외하리이까"(1:9). 새번역의 표현을 빌리면 "아무것도 바라는 것이 없이" 하나님을 경외하겠냐고 도전합니다. 욥이 신앙을 가진 데는 다 이유가 있다는 것입니다. 신앙은 결국 하나님의 손에서 떨어지는 떡고물 때문이라는 것입니다. 우리는 왜 하나님을 예배하고 경외하며 살아갈까요?

우리가 하나님에게서 기대하는 것이 땅으로 상징되는 물질적 풍요라면, 또는 한때 유행했던 표현을 빌려 "잘되는 나"라면, 그런 것은 굳이 그리스도인이 되지 않아도 하나님에게서 받을 수 있습니다. 심지어 매우 신앙적인 경험들도 그리스도인이 아닌 사람들에게까지 열려 있는 보편적 경험일 수 있습니다. 출애굽은 하나님 백성 정체성의 근원이 되는 사건입니다. 그런데 아모스 9:7은 그 출애굽 경험을 상대화 또는 보편화합니다. 매우 충격적인 구절이니 직접 보겠습니다.

여호와의 말씀이니라 이스라엘 자손들아 너희는 내게 구

스 족속 같지 아니하냐 내가 이스라엘을 애굽 땅에서, 블레셋 사람을 갑돌에서, 아람 사람을 기르에서 올라오게 하지 아니하였느냐. (암 9:7)

하나님이 이스라엘에게 '출애굽' 경험을 주셨다면, 블레셋에게는 '출갑돌' 경험을, 아람에게는 '출기르' 경험을 주셨다는 것입니다. 이스라엘에게만 특별히 주신 경험이라 생각했던 출애굽이 사실은 하나님이 세상의 모든 민족에게 주시는 경험입니다(본문에는 블레셋과 아람만 나오지만, 이는 대표적인 언급일 것입니다). 출애굽뿐 아니라 특정 땅을 기업으로 받는 것도 굳이 하나님의 백성일 필요는 없었습니다. 신명기 2장은 하나님이 이스라엘뿐 아니라 에돔, 모압, 암몬에게 그들이 거주하는 땅을 기업으로 주셨다고 말합니다.

이는 내가 세일 산을 에서에게 기업으로 주었음이라. (신 2:5)
이는 내가 롯 자손[모압]에게 아르를 기업으로 주었음이라. (신 2:9)
이는 내가 그것을 롯 자손[암몬]에게 기업으로 주었음이라. (신 2:19)

심지어 에서의 자손들이 세일을 기업으로 받았던 과정은 이스라엘이 가나안 땅에서 겪었던 과정과 같았습니다.

> 호리 사람도 세일에 거주하였는데 에서의 자손이 그들을 멸하고 그 땅에 거주하였으니 이스라엘이 여호와께서 주신 기업의 땅에서 행한 것과 같았느니라. (신 2:12)

출애굽과 가나안 정착이 이스라엘에게만 주어진 특별한 선물이 아니었다면, 이스라엘이 특별하다는 근거는 무엇일까요? 이 문제에 대한 라이트의 말은 이러합니다.

> 하나님이 다른 민족들에게도 땅을 주셨기 때문에, 이스라엘의 특별함(uniqueness)은 단순히 야웨께 땅을 받았다는 데 있는 것이 아니라 이스라엘과 야웨 간의 언약 관계에 있다.…이 언약이 이스라엘의 부주의로 위협받으면, 출애굽과 정착이라는 순전한 역사적 사실은 하나님의 심판 앞에서 다른 민족들의 이주와 마찬가지로 아무것도 아니다.[주4]

이런 성찰은 그리스도인의 삶에도 그대로 적용됩

니다. 그리스도인이 되었기 때문에 하나님이 특별하게 주신다고 생각할 만한 것들은 대부분 사실 신앙이 있건 없건 누구에게나 가능성이 열려 있습니다. 건강, 사랑, 경제적 넉넉함, 직업, 인간관계, 가족, 장수, 돈 등, 소위 복 자체가 하나님과 특별한 관계를 증명하는 것이 아닙니다. 심지어 기도 응답도 보편적 경험입니다. 물론 이런 것들 모두 하나님이 주십니다. 모든 좋은 것의 근원은 하나님입니다(약 1:17 참조). 그런데 그 좋은 것들을 넉넉하신 하나님은 그리스도인이 아닌 사람들에게도 주십니다. 해와 비라는 기본적인 것뿐 아니라(마 5:45) 삶을 풍성하게 하는 것들도 신앙 여부와 관계없이 주십니다. 그러니 복만 바란다면 굳이 신앙을 가질 필요는 없습니다. 하나님은 성실한 사람이면 부를 주실 수도 있습니다. 부자가 되는 데 굳이 신앙이 필요한 것은 아닙니다. 좋은 성적이 필요하다면 공부하면 되지 신앙을 가질 필요는 없습니다. 그리스도인이라고 모두 부자가 되고 성적이 좋은 것이 아닙니다. 그리스도인이 아니라고 해서 경제적으로 어렵고 성적이 나쁜 것이 아닙니다. 심지어 성품도 그렇습니다. 그리스도인이 아니어도 하나님이 좋은 성품을 주십니다.

그렇다면 기독교 신앙을 가졌기 때문에 누리는 특별한 혜택이 있기는 할까요? 있다면 도대체 무엇일까요? 신약성경이 알려 주는 참된 복이 팔복이라면, 구약성경이 알려 주는 참된 복은 아브라함이 받은 복입니다. 그것은 세상이 복을 받게 하는 복, 복의 근원이 되는 복입니다. 그리고 그 복은 하나님의 다스리심과 선하심을 믿고 '아버지의 집을 떠나는 것'과 '약속의 선물을 다시 내어 놓는 것'을 요청합니다. 그리고 세상이 복을 받게 하기 위해 하나님을 반영하는 존재가 되어야 합니다(창 12:1-3; 22:16-19; 18:19). 이것이 하나님 백성의 부르심이자 고유한 복입니다. 그 복은 궁극적으로 하나님의 성품에 참여하는 존재가 되는 것입니다(벧후 1:4) 자기의 이익을 구하지 않는 사랑, 그런 온전한 사랑을 하는 하나님의 성품에 참여하는 존재가 되는 것입니다. 하나님을 닮아 가는 관계와 그 관계에 신실하기 위해 겪는 어려움이 그리스도인을 진정 특별하게 만드는 것입니다. 그리고 그런 그리스도인은 박해를 기뻐하는 어처구니없는 사람이 됩니다. 이것이 신앙의 이유며 구원의 본질입니다.

김교신 선생님은 이 문제를 행복과 축복의 차이로

설명합니다. 행복(happiness)을 원하면 굳이 예수님의 제자가 되지 않아도 됩니다. 그러나 축복된(blessed) 삶은 제자만의 몫입니다.

> 축복은 행복보다 더 높은 것이다. 행복은 외계로서 오는 바 경우의 영향을 받는 것이고, 축복은 환경이 지배할 수 없는 영혼 속에서 용출하는 내적 환희의 삶을 의미하는 것이다. 축복은 하나님과의 정당한 관계에 서서 사람 된 자의 진정한 도를 걷는 데에서 생기는 것이다. 그러므로 소위 세간에서 불행한 자로 칭하는 자 중에도 축복 받은 자가 있을 수 있는 것이다. '행복'이 단지 인간적인 행복을 의미한다면, '축복'은 하나님 편에서 본 바 즉 천국적인 행복을 의미한다.^{주5}

행복이라는 단어를 너무 부정적으로만 보고 싶지는 않습니다. '행복'을 사용한 성경 번역들도 있고, 이 책에서도 팔복과 관련해 행복이라는 표현을 사용하기도 했습니다. 하지만 세상의 행복과 제자의 행복이 다른 것은 분명합니다. "잘되는 나"라는 세상의 행복이 아니라 박해도 즐거워하는 제자의 행복이 신앙의 이유입니다.

정의와 박해

정의 때문에 박해를 받아 온 사람들이 복이 있다는 선언을 보며 질문이 생깁니다. 왜 정의 때문에 박해를 받을까요? 정의롭게 사는 것은 평화를 만드는 것만큼이나 칭찬을 받을 일이 아닌가요? 국어사전은 "박해"의 뜻을 "못살게 굴어서 해롭게 함"이라고 풀었습니다. 도대체 정의가 무엇이기에 괴롭힘과 해를 당하는 것일까요? 마태복음에 의하면 "의로운 사람은 세상에서 존재하는 방식에 있어서 예수님을 따르는 사람"입니다.[주6] 세상에서 예수님을 따르는 존재 방식이 도대체 어떤 것이기에 사람들은 예수님을 따르는 사람을 못살게 굴고 해롭게 할까요?

예수님을 따르는 삶이 세상의 어그러진 방식을 거스르기 때문입니다. 예수님을 따르는 삶이 세상의 어그러진 방식에 익숙한 사람에겐 거슬리기 때문입니다.[주7] 어그러진 방식은 세상뿐 아니라 신앙 행위에도 스며들어 있습니다. 신앙 행위가 나의 불의를 덮는 보호막이 될 때, 신앙의 이름으로 나의 욕망을 정당화할 때, 예수님은 그런 신앙을 거스르고, 그런 신앙은 예수님이 거슬립니다. 이것은 마태복음 5장의 팔복과 관련된 다른 두 본문에서 좀 더 확인할 수 있습니다. 하나는 누가복음 6:20-26이고, 또 하나는 마태복음 23:13-36입니다.

누가복음 6장은 마태복음 5장 팔복의 평행 본문이지만, 자체의 특징을 지니고 있습니다. 먼저 누가복음 6장은 여덟 가지가 아니라 네 가지 복을 말합니다. 가난한 사람들, 굶주린 사람들, 우는 사람들이 복이 있다고 말하고 마지막으로 마태복음 5:11-12과 평행하는 본문이 나옵니다. "인자로 말미암아 사람들이 너희를 미워하며 멀리하고 욕하고 너희 이름을 악하다 하여 버릴 때에는 너희에게 복이 있도다"(22절). 또 다른 특징은 복된 사람들을 이야기하고 불행한 사람들을 이어서 말한다는 점입니다(참조. 공동번역개정. 개역개정은 '화 있는 사람들'). 부요한 사람들, 지금 배불리 먹고 지내는 사람들, 지금 웃고 지내는 사람들이 불행하다고 말합니다. 그들은 받을 위로를 다 받았고, 굶주릴 날이 올 것이고, 슬퍼하며 울 날이 올 것이기 때문입니다. 그리고 다시 마태복음 5:10-12과 같은 주제를 반대 관점으로 말합니다. "모든 사람이 너희를 칭찬하면 화가 있도다. 그들의 조상들이 거짓 선지자들에게 이와 같이 하였으니라"(26절). 박해가 아닌 칭찬을 받는다면 오히려 그것은 재앙이자 불행입니다. 그런 신앙은 거짓이기 때문입니다.

누가복음은 6장에서 복과 화를 함께 말하지만, 마태복음은 5장에서 복을, 23:13 이하에서 화를 따로 말합니다. 마태복음 5장이 "복이 있나니"라는 표현을 반복한 것처럼, 마태복음 23장은 "화 있을진저"라는 외침을 반복합니다. 특히 서기관과 바리새인을 위선자들이라 지적하며 그들에게 화가 있는 이유를 말합니다. 이 본문을 통해 정의 때문에 박해받는 이유를 성찰해 봅니다.

서기관들과 바리새인들은 매우 성실한 종교인이었지만, 사실 세상의 어그러진 방식에 익숙한 위선자들이었습니다. 그들은 정의와 긍휼과 믿음을 버린 자리를 탐욕과 방탕으로 채웠습니다(23, 25절). 속은 탐욕과 방탕, 위선과 불법으로 가득하지만 사람들이 보는 겉은 아무 문제가 없습니다. 심지어 아름답고 정의롭게까지(그리스어로 '디카이오스') 보입니다(27-28절). 위선은 점점 심각해집니다. 29-30절에서 예수님은 예언자들의 죽음과 관련한 그들의 위선을 지적하십니다. 정의를 외쳤던 예언자들을 죽인 자들의 후예인 그들은, 자신들이 조상들과 달리 행동했을 것이라 말하지만, 사실 차이가 없는 사람들이었습니다. 예수님은 그런 그들에게 할 것을 하라고, 조상의 분량을 채우라고, 조상들이 흘리지 못했던 피를 마저 흘려 버리라고 강력히 추궁하십니다. 그리고 이어지는 예수님의 말씀은 간담을 서늘케 합니다. "뱀들아 독사의 새끼들아 너희가 어떻게 지옥의 판결을 피하겠느냐"(33절). 이러니 예수님이 얼마나 거슬렸겠습니까? 하나님의 방식대로 살아가는 사람들이 그들 안에 있는 더러움을 드러내면, 그들은 그것을 덮기 위해 박해합니다. 죽이기까지 합니다. "그러므로…너희가 [내가 보낸 선지자들] 중에서 더러는 죽이거나 십자가에 못 받고 그 중에서 더러는 너희 회당에서 채찍질하고 이 동네에서 저 동네로 따라다니며 박해하리라"(34절).

종교가 자신의 위선을 폭로하는 정의를 박해한다면, 세상은 자신의 힘에 도전하는 정의를 박해합니다. 정의를 싫어하는 세상에 대해 김교신 선생님은 이렇게 말합니다.

고아를 동정하며 과부를 변호함은 세상의 호감을 사는 소이가 아니다. 압제당한 자와 같이 울고 억울한 일 당한 자와 함께 분개함은 강자의 노기에 촉발하는 이유가 된다. 특히 의의 하나님, 모세의 하나님과 함께 서서 절대의 의를 행하려 할 때에 현대 20세기에도 바로의 군세는 의연히 추격한다.[주8]

정의가 박해받는 이유는 예수님께만 헌신하고 충성하기 때문입니다. 약자를 위하는 모습으로 드러나는 예수님을 향한 헌신이 20세기의 바로 같은 강자의 노기를 촉발하기 때문입니다. 『메시지』의 번역은 이 사실을 잘 담았습니다. "하나님께 헌신했기 때문에 박해를 받는 너희는 복이 있다." 의를 위하는 것, 예수님을 따르는 것은 하나님께만 헌신하고 충성하는 것입니다. 이때 세상은 하나님이 아니라 자신의 말을 듣게 만들기 위해 여러 가지 방식으로 그리스도인을 못살게 굴며 해를 끼칩니다.

그렇다면 하나님께만 헌신하고 충성하는 것을 막는 우리 시대의 바로는 무엇일까요? 기회가 있을 때마다 드리는 말씀이지만, 지금 한국 사회는 "평등"이 강력한 힘을 발휘합니다. 모두를 공평하게 대한다는 의미의 평등이 아니라, "몇 평인가", "몇 등인가"라는 의미의 "평등"입니다. 세상은 더 많은 평수와 더 높은 등수를 위해 헌신하라고 압박합니다. 그 압박에 지지 않고 여전히 하나님께만 헌신할 때 "평"과 "등"의 기준과 시선은 우리를 못살게 굴고 해를 끼칩니다. 박해까지는 아니어도 손해를 감내하게 합니다.

행복과 천국

팔복의 마지막 복은 앞서 나온 일곱 가지 복과 다른 특징을 지니고 있습니다. 앞서 나온 일곱 가지 복은 복된 사람들의 주체적인 성품이나 행동을 다룹니다. 예를 들면, "온유한 자는 복이 있나니"는 성품을 다루고, "애통하는 자는 복이 있나니"는 주체적인 행동을 다룹니다. 이런 패턴을 따른다면, 정의와 관련된 마지막 복은 '정의를 지키고 행하는 자는 복이 있나니 천국이 그들의 것임이라' 정도의 표현이 자연스럽습니다. 실제로 시편 106:3이 그렇습니다. "정의를 지키는 자들과 항상 공의를 행하는 자는 복이 있도다." 그런데 마태복음 5:10은 복된 자들의 성품이나 능동적 행위가 아닌 그들이 당할 일,

그들에게 벌어질 일을 다룹니다.주9 이 경우 앞선 일곱 가지 성품과 행위의 결과로 여덟 번째 상황이 벌어지는 것처럼 보이기도 합니다. 그렇다면 "정의를 위하는 것"은 또 하나의 개별적인 덕이 아니라 앞선 복된 모습들을 모두 반영하며 "하나님의 길"을 걸으며 살아가는 것이 됩니다.주10 일곱 가지 복이 마지막 복, 박해받는 자의 복으로 수렴됩니다.주11

마지막 복에 또 하나의 특징이 있습니다. 박해받는 사람들이 복된 이유가 첫 번째 나오는 사람들이 복된 이유와 같습니다. 정의를 위하여 박해받는 사람들이 복된 이유는 그들이 천국을 소유하기 때문인데, 이것은 팔복 맨 처음에 나오는 영이 가난한 사람들이 복된 이유와 같습니다. 이처럼 마지막 복은 우리를 팔복의 맨 처음으로 돌아가게 합니다. 앞선 복들은 마지막 박해를 받는 복으로 수렴하고, 마지막의 박해받는 복은 다시 팔복의 첫 복으로 우리를 돌려보냅니다.

박해받는 사람의 복과 다른 복들의 관계는 어떤 박해가 진정 정의와 예수님 때문에 받는 박해인지를 구별하는 데 매우 중요한 기준이 됩니다. 자신의 욕심이나 잘못, 독선과 무례함 때문에 당하는 고난과 박해도 있기 때문입니다(약 1:14; 벧전 2:19-20; 4:15). 팔복의 표현을 빌리면, 온유가 아니라 힘으로 원하는 것을 이루려다 받는 비난이 있습니다. 한결같은 마음이 아닌 두 마음을 품다가 겪는 고난도 있습니다. 정의에 목마르지 않고 어그러진 세상의 방식을 따르다가 당하는 벌도 있습니다. 평화를 일구는 것이 아니라 다툼을 조장하다 당하는 박해도 있습니다. 사실은 정의나 예수님 때문에 받는 박해가 아닌데, 자신이 당하는 어려움을 주를 위한 박해라고 우기거나 착각할 수 있습니다. 어떻게 분별할 수 있을까요? 예수님이 말씀하신 복된 박해는 팔복의 다른 복들의 열매여야 합니다. 정의 때문에 받는 박해는 팔복의 처음으로 다시 우리를 이끌어가야 합니다. 팔복의 다른 복들과 어울리지 않는 박해는 예수님 때문이 아니라 나의 미숙함과 욕심, 잘못과 악함, 독선과 무례 때문에 당하는 어려움입니다. 이런 어려움을 예수님을 위한, 예수님으로 인한 박해로 착각해서는 안 됩니다.^{주12}

정의를 위하여 박해받는 사람은 천국을 가진 사람입니다. 그 사람들은 다름 아닌 영이 가난한 사람들입니다. 의로 인해 박해받는 경험은 우리를 첫 번째 복에 더욱 어울리는 성품을 지닌 사람으로 빚어 줍니다.주13 의를 위하여 박해받는 사람은 다시 영이 가난한 사람이 되어, 더 슬퍼하는 사람, 더 온유한 사람, 더 정의에 굶주리고 목마른 사람, 더 긍휼히 여기는 사람으로 빚어집니다. 하나님의 방식을 추구하기 때문에 어려움과 손해를 당하며 우리는 더욱 복된 사람이 되어 갑니다. 고난과 박해의 경험이 우리를 더 깊은 자리로 나아가게 합니다. 하나님 나라에 더 깊이 들어가게 됩니다.

마태복음 5:10에는 정의와 박해, 박해와 행복, 박해와 천국 등 서로 어울리지 않는 듯한 단어들이 등장합니다. 그렇지만 이 단어 짝들은 기독교 신앙의 본질을 성찰하게 합니다. 정의를 추구하는 삶, 예수님을 따르는 삶은 어려움을 겪습니다. 손해를 봅니다. 박해를 받습니다. 우리는 이 사실을 마냥 간과하거나, 무시하거나, 부인할 수 없습니다. 예수님을 믿는다는 것, 예수님을 사랑한다는 것, 예수님을 따른다는 것은 하늘 축복의 삶이지만, 늘 세상 행복을 보장하는 것이 아닙니다. 오히려 세상 행복만을 구한다면 신앙이 굳이 필요하지 않습니다. 이 사실을 기억할 수 있다면 우리의 신앙은 까닭 없는 순전한 신앙으로 자라갈 것입니다.

정의는 종교와 세상을 거스릅니다. 종교와 세상은 정의가 거슬립니다. 자신들의 위선과 욕망을 정의가 폭로하기 때문입니다. 그래서 박해합니다. 그런데 이 박해의 경험은 복이 됩니다. 우리를 더 복된 자리로 이끌어가기 때문입니다. 더 영이 가난한 사람, 더 애통하는 사람, 더 온유한 사람, 더 의에 주리고 목마른 사람, 더 긍휼히 여기는 사람이 되게 합니다. 그렇게 우리는 천국을 가진 자로 더 자라가게 됩니다. 그렇게 세상에 복을 주는 복을 받은 사람이 됩니다. 이것이 신앙의 이유요 정의를 위해 박해받는 사람이 복 있는 이유입니다.

10
복입니다, 여러분은!

복 있습니다, 여러분은! 사람들이 여러분을 비방할 때, 박해할 때, 여러분을 거슬러 거짓으로 온갖 악한 말을 할 때는요! 나 때문에 말이에요! 기뻐하고 크게 즐거워하세요. 여러분이 받을 보상이 하늘에서 크기 때문입니다. 여러분보다 앞서 온 예언자들을 사람들이 그처럼 박해했거든요. 마 5:11-12

의를 행하고도 사면초가 중에 모든 악담과 비방에 묻힐 때 사람은 자아를 의심하지 않을 수 없다. 이때에 "그리스도로부터 자고급금*에 정의에 의하여 서고 그리스도께 대한 신앙을 고백한 자가 세상에서 받은 대접은 이 핍박이었다. 역사상 증명된 선지자가 걸은 길은 이길이었다"라는 이서**를 받음은 큰 힘이었다.^{주1}

이제 팔복의 마지막 구절입니다. 팔복 단락의 마지막인 마태복음 5:11-12은 10절의 확장입니다. 정의 때문에 박해받는 사람들의 이야기가 예수님 때문에

* 자고급금: 예로부터 지금까지.
** 이서: 어떤 일이 사실임을 증명함.

박해받는 사람들의 이야기로 전개되고, 박해를 받는다는 일반적인 표현이 욕을 듣고 박해받고 모함과 비난을 듣는 이야기로 구체화됩니다. 이렇게 확장된 설명을 별개의 복으로 이해하면 산상수훈에 여덟 가지 복이 아니라 아홉 가지 복이 나오는 셈이 됩니다. 실제로 "복 있습니다"(그리스어로 '마카리오스')라는 표현은 11절 처음에도 나와 전부 아홉 번 등장합니다.

박해라는 주제를 다룬다는 점에서 10절과 11-12절을 한 단락으로 볼 수도 있습니다. 동시에 11-12절은 3-10절과 몇 가지 다른 특징을 지니고 있습니다. 우선 예수님이 본문에 명시적으로 등장합니다. 팔복에 나오는 복된 모습 거의 대부분이 예수님의 성품이라 할 수 있고, 각각의 복을 예수님과 관련해 곱씹어보기도 했습니다. 9절에 나오는 "평화를 이루는 사람"(새번역)이라는 단어와 골로새서 1장에 나오는 예수님이 십자가로 '화평을 이루었다'라는 같은 어근의 단어를 연결해 생각하기도 했습니다. 하지만 여전히 예수님이 본문에 명시적으로 드러나지는 않았습니다. 반면 11-12절에서는 예수님이 자신을 일인칭으로 언급하면서 말씀하십니다.

자신을 일인칭으로 언급하시는 예수님이 복된 사

람들은 이인칭으로 언급하십니다. 새한글성경은 이런 특징을 가장 도드라지게 보여 줍니다. 그리스어 본문의 어순 그대로 "복 있습니다, 여러분은!"이라고 외치며 11절을 시작합니다. 이 번역에 나오는 "여러분은!"이라는 2인칭 복수의 표현을 읽으면 가슴이 뜁니다.

3-10절의 팔복 구절들은 복된 사람들을 삼인칭으로 묘사했었습니다. "애통하는 자는 복이 있나니 그들이 위로를 받을 것임이요." 11-12절과 같이 박해를 다루는 10절도 "의를 위하여 박해를 받은 자는 복이 있나니 천국이 그들의 것임이라"라고 했습니다. 지금 예수님께 나아온 제자들에게 하신 말씀이지만 이인칭 "너희"가 아니라 삼인칭 "그들"을 사용하셔서 마치 남의 이야기를 하는 느낌입니다. 그런데 11-12절은 이인칭으로 시작하며 제자들을, 청중을, 독자들을, 우리를 팔복의 세계 안으로 불러들입니다.[주2]

이것은 단지 11-12절이 말하는 박해받는 자의 복에만 한정되지 않습니다. 3-10절에서 삼인칭으로 이야기했던 여덟 가지 복 모두가 결국은 여러분의 이야기, 너희의 이야기, 우리의 이야기입니다.[주3] 이러한 11-12절의 기조를 3-10절에도 적용해 봅니다.

복 있습니다, 여러분은!
복 있습니다, 마음이 가난한 여러분은!
복 있습니다, 슬퍼하는 여러분은!
복 있습니다, 온유한 여러분은!
복 있습니다, 의에 주리고 목마른 여러분은!
복 있습니다, 자비로운 여러분은!
복 있습니다, 마음이 한결같은 여러분은!
복 있습니다, 평화를 만드는 여러분은!
복 있습니다, 정의 때문에 박해를 받아 온 여러분은!

팔복은 다름 아닌 "여러분"의 이야기, 즉 제자로 살고자 하는 우리의 이야기입니다.

괴물이 되지 않기 위해

박해받는 복 이야기를 확장하며 삼인칭의 객관적 서술에서 이인칭의 응원으로 훅 들어오신 예수님은 이제 그 복을 받은 제자들이 마땅히 보여야 할 반응을 말씀하십니다. 그것은 기뻐하고 즐거워하는 것입니다. 여기 '즐거워하다'라고 번역된 그리스어는 너무 기뻐서 팔짝팔짝 뛰며 환호하는 모습을 표현할 만한 매우 격한 정서가 담긴 단어입니다.[주4] 생생한 표현을 쓰자면 '기뻐 날뛰다', '미칠 듯이 기뻐하다', 고상한 표현을 쓰자면 '환희하다' 정도로 번역할 수 있습니다. 『메시지』는 "아예 만세를 불러도 좋다"라고도 번역했습니다. 박해를 받을 때, '아, 힘들지만 즐거워해야지, 기뻐해야지' 정도가 아니라 마치 역전골을 넣었을 때 만세를 부르며 날뛰는 정도의 기쁨으로 반응하라는 것입니다.

이 책을 시작하며 팔복은 명령이 아니라는 사실을 확인했었습니다. 팔복을 '가난한 마음을 가져라, 그러면 천국을 소유할 것이다. 애통해라, 그러면 위로를 받을 것이다. 의에 주리고 목말라라, 그러면 배부를 것이다'와 같은 명령과 약속의 짝으로 읽기 쉽습니다. 하지만 팔복은 명령과 약속이 아닙니다. 팔복은 어떤 사람이 참으로 복된 사람인지를 알려 주는 선언입니다. 팔복 본문에 있는 유일한 명령은 12절의 "기뻐하고 즐거워하라"라는 두 동사입니다. 그만큼 중요한 명령이고 반응입니다.

고난을 겪고 박해를 받을 때, 모함과 비난을 들을 때, 왜 기뻐하고 크게 즐거워해야 할까요? 괴물이 되지 않기 위해서입니다. "괴물과 맞서 싸우다가 스스로 괴물이 되어 버렸다"라는 표현이 있습니다. 평화 운동가 존 디어의 말입니다.

> 정의와 평화의 활동가들은 박해와 괴롭힘에 직면할 때 때때로 원망, 분노, 적대감, 비통함, 심지어 증오로 반응합니다. 그러나 예수님은 이러한 부정적이고 강한 감정들을 경고하십니다. 왜냐하면 그 감정들에는 우리가 키우거나 가꾸거나 퍼뜨리고 싶지 않은 폭력의 뿌리가 있기 때문입니다. 그 강한 감정들은 우리를 갉아먹고 파괴할 것입니다. 그들은 우리의 비폭력을 약화시키고 폭력으로 이끌 것입니다. 우리를 미워하는 사람들에 대한 증오는 결국 우리 자신을 해치는 결과만을 가져옵니다.[주5]

우리가 정의와 평화를 구하며 살아갈 때 박해와 여러 괴로움을 피할 수 없습니다. 그럴 때면 아무리 정의와 평화를 위해 사는 사람들이지만, 우리도 사람인지라, 원망하게 되고, 분노하게 되고, 적대감을 갖게 되고, 쓴 마음이 생기고, 심지어 증오심이 생기는 것 또한 피할 수 없습니다. 이때 그런 정서에 함몰되고 그 정서들이 우리를 삼켜 버리면 우리는 괴물과 싸우다가 괴물이 되어 버리고 맙니다. 평화를 추구하는 가운데 겪는 어려움 때문에 쓴 마음과 폭력적 감정들이 우리 삶에서 자라면 평화를 향한 마음은 말라 죽고 맙니다. 그래서 평화를 구하다가 증오의 사람이 되지 않기 위해 어려울수록 기뻐하고 즐거워해야 합니다.

하나님의 정의 아래 움직이는 세상

박해를 받으면서 기뻐하고 즐거워할 수 있는 또 다른 이유가 있습니다. 하나님의 가장 근원적인 질서를 신뢰하기 때문입니다. "기뻐하고 즐거워하라"라는 명령 후에 "하늘에서 너희 상이 큼이라"라는 이유가 이어집니다. 마태복음에는 '상'에 관한 이야기가 다른 복음서에 비해 많이 나옵니다.주6 특히 산상수훈에 많이 나옵니다[그리스어로 '미스토스.' 5:12, 46; 6:1, 2, 5, 16; 10:41(x2), 42; 20:8(삯)]. '상'이라는 표현을 자주 접하다 보면 '나는 상을 받기 위해 신앙생활을 하는 것인가?'와 같은 질문이 생깁니다. '상'이라는 개념이 값없이 오가는 은혜와 헌신이라는 신앙 체계에 그리 잘 어울리지 않는 것 같기도 합니다. 보상을 바란다면 지난 장에서 이야기한 까닭 없는 신앙, 사심 없는 신앙이 아닌 것 같다는 생각도 듭니다.

하지만 마태복음에서 보상을 이야기하는 것은 이 세상이 결국은 하나님의 정의 아래 움직인다는 고백입니다. 하나님은 자신의 뜻대로 살아가는 사람들을 자신의 정의로운 질서 가운데 갚아주십니다. 따라서 상을 생각한다는 의미는 신앙의 사적 혜택을 욕망하는 것이 아니라 정의로운 하나님이 설계하신 경험 세계의 자연스런 결과를 기대한다는 의미입니다.[주7] 그래서 마태복음 5:12의 "[크게] 즐거워하라"(그리스어로 '아갈리아오')와 같은 동사가 쓰인 베드로전서 1:6은 "여러 가지 시험으로 말미암아 잠깐 근심하게 되지 않을 수 없으나"라고 말합니다. 시험 자체는 짧지 않을 수 있습니다. 그러나 결국 하나님의 정의로운 질서가 작동할 것을 알기에 근심의 시간은 길지 않습니다. 그래서 여전히 시험과 어려움 속에 있더라도 오히려 크게 기뻐합니다.[주8] 물론 시험은 쉽지 않습니다. 그래서 우리에게는 한결같은 마음을 지녀 하나님을 보는 경험이 필요합니다.

비방과 박해, 모함과 비난을 당하면서도 기뻐하고 크게 즐거워할 수 있는 이유가 또 하나 있습니다. 우리가 경험하는 어려움이 우리의 신앙이 진짜라는 사실을 증거하기 때문입니다. 이것은 역설입니다. 예수님의 제자다운 팔복의 사람으로 살아가다 보면 비난과 박해를 받는 일이 생깁니다. 그런 경험을 하면 나의 삶의 방식이 뭔가 잘못된 것은 아닌지, 지금까지 살아왔던 방식이 옳기는 했는지 회의하게 됩니다. 그런데 이렇게 우리 신앙에 대해 의심을 불러일으킨 비난과 박해의 경험이 역설적으로 바로 그 신앙이 하나님이 인정하시는 신앙이라는 사실을 확인해 줍니다. (물론 하나님의 뜻을 따르다 겪는 고난이 아닌 우리의 욕심이나 무례함 때문에 당하는 어려움도 있습니다. 이것의 구별에 대해서는 앞 장에서 이야기했습니다.) 비난과 박해는 예언자들이 경험했던 것입니다. 그 예언자들의 신앙이 진짜였다면 그들처럼 박해를 받는 우리의 신앙 또한 진짜입니다. 박해가 너무 거창하면 손해라고 이야기해도 좋습니다. 신체적 박해뿐 아니라 언어적이고 정서적인 모욕과 비방도 예수님으로 인한 고난의 모습입니다. 그런 비난과 박해는 잘못된 신앙 때문이 아닙니다. 오히려 그 신앙이 진짜이기 때문에 생기는 일입니다. 이것은 기뻐하고 즐거워할 일입니다.

복 있습니다, 여러분은. 복입니다, 여러분은!

팔복은 뒤집힌 복입니다. 신앙이 파산한 사람의 복, 세상의 아픔을 슬퍼하며 토요일을 사는 사람의 복, 대책 없이 온유한 사람의 복, 정의에 목마른 사람의 복, 용서와 자비를 베푸는 사람의 복, 평화를 만드는 사람의 복, 정의 때문에 모함과 비난을 받는 사람의 복, 이런 복들은 복으로 여기기 쉽지 않습니다. 예수님이 복되다고 하시니 복이라고 받아들이지, 실제로 이런 삶을 살다 보면 속상하고 억울할 때가 있습니다. 과연 이런 삶이 정말 복된 삶일까? 하나님이 나서지 않으시면 대책 없는 삶이 과연 제대로 된 삶일까? 예수님 때문에 놀림이나 비난을 받아도 나는 복된 사람이라고 언제까지 생각할 수 있을까? 이런 질문들이 자연스럽게 생깁니다.

 이런 질문과 관련해 예수님이 복되다고 선언하시는 대상이 단수가 아니라 복수라는 사실은 의미심장합니다. 개역개정이나 새번역, 공동번역개정이 "심령이 가난한 자"(개역개정) 또는 "마음이 가난한 사람"(새번역, 공동번역개정)과 같이 번역해 팔복이 개인에 대해 말하는 것처럼 보입니다. 그러나 복된 사람을 묘사하는 그리스어는 복수 형태로 사용되어 있고, 새한글성경, 가톨릭성경, 200주년기념성서, 그리고 모든 영어 번역은 이를 잘 반영했습니다. 팔복은 개인이 경험하는 복에 대한 이야기가 아니라 함께 경험하는 복됨에 대한 선언입니다. 5:11은 한 사람에게 "복이 있습니다, 당신은!"이라고 외치지 않고 공동체에게 "복이 있습니다, 여러분은!"(새한글성경)이라고 외칩니다.주9

이 선언 자체뿐 아니라 선언에서 들리는 메아리에서 팔복이 참으로 진정한 복인지, 과연 그런 믿음을 언제까지 어떻게 지켜낼 수 있을지, 앞서 던졌던 질문들에 대한 한 가지 대답을 듣습니다. 그것은 "**복입니다, 여러분은!**"이라는 메아리입니다. 예수님이 말씀하신 뒤집힌 복이 진짜 복이라는 사실을 알고 그 복에 어울리게 살아가는 사람들의 존재가 우리에게 주어진 복입니다. 그런 사람들과 한 공동체로 살아갈 수 있다면 그것은 복된 삶입니다. 그런 사람들이 함께하는 공동체는 팔복이 뒤집힌 복일 뿐 아니라 결국 하나님 나라의 실재를 통해 세상을 뒤집는 복이라는 사실을 보여 주기 때문입니다.

이 책의 첫 장에서 산상수훈의 세계관을 이야기했습니다. 우리는 하나님의 새로운 백성인 예수님의 제자들이며, 이 세상은 십자가와 부활이라는 현실과 제자로 살아가기에 만만치 않은 현실 사이의 긴장이 있는 곳입니다. 하나님 나라의 진정한 복을 복으로 여기지 못하는 것이 우리가 살아가는 세상의 문제며, 이 문제를 해결하기 위해서는 예수님이 말씀하신 뒤집힌 복을 진짜 복으로 여기는 시각을 지녀야 합니다. 그러기 위해 산상수훈의 세계관을 형성하는 공동체가 필요한데, 성경을 다시 읽는 공동체, 믿어 주는 공동체, 종말을 바라보며 평화를 일구는 공동체가 그런 공동체라 이야기했습니다.

이렇게 팔복의 관점을 형성하고 팔복의 삶을 살아 내는 사람들의 공동체에는 두 가지 차원이 있습니다. 하나는 예언자들과 함께하는 공동체입니다. 옛 예언자들의 경험을 공유하는 우리는 그들과 한 공동체입니다. 이것이 히브리서의 증언입니다. 우리가 겪고 있는 믿음과 시련, 혼란과 회의의 경주를 이미 달려갔던 수많은 사람이 있습니다. 우리와 같은 경주를 달렸던 사람들은 결국 믿음의 증인이 되어 구름처럼 우리를 둘러싸고 있습니다. 믿음의 원천이자 시작이신 예수님은 그중 최고의 증인이십니다. 또한 팔복 공동체는 과거뿐 아니라 지금 함께하는 사람들의 공동체이기도 합니다. 이와 관련해『메시지』영어판의 표현은 인상적입니다. "너희는 좋은 동료와 함께하고 있다는 것을 알아라"(And know that you are in good company).[주10] 이 좋은 동료들이 복입니다.

팔복이 참으로 진정한 복이라는 생각이 흔들리고 팔복의 삶이 불러일으키는 현실적 어려움에 힘들어할 때, 공동체의 누군가 내가 버거워하는 그 길을 기쁘고 크게 즐거워하며 걷는 모습을 봅니다. 그들의 존재는 나에게 다시 "피곤한 손과 연약한 무릎"을 세워 하나님의 길을 걷고 싶은 바람과 용기를 줍니다(히 12:12 참조). 역사 속 믿음의 선조들과 함께하는 씨줄의 공동체, 그리고 지금 믿음의 동료들과 함께하는 날줄의 공동체, 이 두 차원을 지닌 공동체가 우리 삶을 지지합니다. 뒤집힌 복이 뒤집는 복이라는 사실을 웅변합니다. 팔복이 진짜 복이라는 사실을 삶으로 살아내는 사람들을 만나면 이렇게 말씀해 주십시오. "여러분이 제게 복입니다. 여러분의 삶을 통해 팔복이 진짜 복이라는 사실을 확인합니다. 여러분 덕에 저도 하나님의 길을 용기 내어 걸어가겠습니다."

이 모든 복은 예수님의 이야기,^{주11} 예수님의 세계관입니다. 평화와 정의를 이루시고 다스리시는 예수님의 이야기입니다. 예수님을 사랑하고 더 알아 갈수록 예수님의 마음과 삶에 새겨진 평화와 정의를 더 깊고 진하게 경험할 것입니다. 그 경험 가운데 예수님을 따라 평화를 만들고 정의를 구하다 보면 주변의 오해를 사기도 합니다. 그러나 기뻐합니다. 그래야 괴물이 되지 않을 수 있습니다. 어색해지고 껄끄럽고 불편해지기도 합니다. 그러나 즐거워할 수 있습니다. 나 혼자만의 이야기가 아니기 때문입니다. 팔복은 역사 속에서 함께했던 신자들의 이야기 그리고 지금 여기서 함께하는 사람들의 이야기입니다. 그리고 이제 우리가 삶으로 연주할 이야기입니다.

 기독교 세계관은 예수님에 관한 것이고, 예수님에 의한 것이고, 예수님을 위한 것입니다. 우리는 예수님 때문에 기독교 세계관을 이야기합니다. 예수님의 세계관, 평화의 세계관을 가지고 살아가는 우리는, 여러분은 복된 사람들입니다.

 복이 있습니다, 여러분은.
 복입니다, 여러분은.
 복입니다, 서로에게 우리는.

주

1. 산상수훈의 세계관을 지닌 공동체

1) 노평구 편집. 『김교신 전집(4): 성서연구』(서울: 부키, 2001), 24; 「성서조선」 제24호(1931), 14.
2) 알버트 월터스, 마이클 고힌, 『창조, 타락, 구속』(서울: IVP, 2007), 25.
3) 리차드 미들톤, 브라이안 왈쉬, 『그리스도인의 비전』(서울: ⅠⅤP, 1987), 41.
4) 『김교신 전집(4): 성서연구』, 24; 「성서조선」 제24호, 14.
5) 정훈택은 이것을 "예수님의 눈에 비친 복된 사람의 모습", "하나님의 시야에 비친 인생의 행복" 등으로 표현한다. 정훈택, 『산상설교를 어떻게 실천할 것인가?』(서울: 감은사, 2023), 54-55.
6) John Nolland, *The Gospel of Matthew: A Commentary on the Greek Text*, New International Greek Testament Commentary(Grand Rapids: Eerdmans, 2005), 196.
7) Iain Provan, *The Reformation and the Right Reading of Scripture*(Waco: Baylor University Press; 2017), 117.
8) 오성민, 『교회 구석에서 묻는 질문들』(서울: 복있는사람, 2022).
9) 문자적으로는 '땅의 소금'과 '세상의 빛'이다. 땅은 그리스어 '게이', 세상은 그리스어 '코스모스'의 번역어다.

2. 종교적 우생학에 대한 반란

1) 노평구 편집. 『김교신 전집(4): 성서연구』(서울: 부키, 2001), 31; 「성

서조선」 제24호(1931), 19.
2) 대표적으로 John Nolland, *The Gospel of Matthew: A Commentary on the Greek Text*, New International Greek Testament Commentary(Grand Rapids: Eerdmans, 2005), 198-199를 보라.
3) 조나단 페닝턴, 『산상수훈 그리고 인간 번영』(성남: 도서출판 에스라, 2020), 73-75; Jonathan T. Pennington, NT251: The Sermon on the Mount, Logos Mobile Education(Bellingham: Lexham Press, 2014), segment 23.
4) 페닝턴, 80.
5) 페닝턴, 103.
6) 페닝턴, 77.
7) 페닝턴, 82.
8) 심령이 가난하다는 표현의 의미를 겸손함으로 이해하는 것은 마 5:3의 배경인 사 61:1에서 '가난하다'로 번역된 히브리어 '아나브'가 '겸손하다'를 의미할 수도 있다는 사실에 근거를 두는 듯 하다(B D B, 776; 개역개정, 새번역 난외주 참조). 이 단어가 쓰인 민 12:3을 개역개정은 모세가 '온유하다'로 번역했지만, 새번역과 공동번역개정은 모세가 '겸손하다'라고 번역했다. 사 57:15도 관련 구절로 생각할 수 있지만, 히브리 성경이나 칠십인역에 사용된 단어들이 마태복음의 것과는 다르다. 대표적으로 마태복음에는 '프뉴마'가, 칠십인역 이사야서에는 '카르디아'가 사용되었다.
9) Pennington, segment 24.
10) 영어는 "God blesses those people who depend only on him"이다.
11) D. Martyn Lloyd-Jones, *Studies in the Sermon on the Mount*(Grand Rapids: Eerdmans, 1959), 44-45, 50도 참조.
12) Lloyd-Jones, 44-45.
13) 참조. 페닝턴, 216.
14) 밥 에크블라드, 『소외된 자들과 함께 성경읽기』(서울: 성서유니온선교회, 2010), 15-16. 영서의 원래 제목은 "Reading the Bible with the Damned"(저주받은 자들과 함께 성경읽기)로 더욱 강렬하다.
15) Pennington, segment 18.

16) 존 스토트도 "영적 파산"이라는 표현을 사용한다. 존 스토트, 『존 스토트의 산상수훈』(3판; 서울: 생명의말씀사, 2011), 44.
17) 정훈택, 『산상설교를 어떻게 실천할 것인가?』(서울: 감은사, 2023), 63.
18) 최종원, "이상하고 별나지만 아름다운 삶을 위하여" https://www.facebook.com/jongwon.choi.58726823/posts/pfbid0y-8JMeZRNKx8NPFsP7oQ44xPqEnuoMvUQaNgHYco1JMBmz-NoKwjptGrzunJGcU3Kgl 2023년 1월 20일 접속.
19) 최종원.

3. 토요일을 사는 사람들의 행복

1) 노평구 편집. 『김교신 전집(4): 성서연구』(서울: 부키, 2001), 33; 「성서조선」 제24호(1931), 21.
2) 조나단 페닝턴, 『산상수훈 그리고 인간 번영』(성남: 도서출판 에스라, 2020), 219 참조.
3) 카슨은 현재 시제로 미래의 의미를 담을 수 있고 현재의 확실한 것들을 미래 시제로 표현할 수 있기 때문에 복됨의 이유를 설명하는 부분의 시제 차이에 근거에 너무 많은 것을 주장하지 않도록 주의를 주면서도, 3절과 10절의 현재 시제가 팔복을 둘러싸고 있는 것은 중요하다고 말한다. D. A. Carson, "Matthew," in *The Expositor's Bible Commentary: Matthew, Mark, Luke,* ed. Frank E. Gaebelein, vol. 8(Grand Rapids, MI: Zondervan Publishing House, 1984), 132.
4) Carson, 132.
5) 영문은 "Blessed [forgiven, refreshed by God's grace] are those who mourn [over their sins and repent], for they will be comforted [when the burden of sin is lifted]"이다.
6) D. Martyn Lloyd-Jones, *Studies in the Sermon on the Mount*(Grand Rapids: Eerdmans, 1959), 58-59. Lloyd-Jones는 여기 나오는 애통함은 누군가의 죽음으로 인한 현실의 슬픔과 같은 것이 아니라 전적으로 "영적 슬픔"으로만 이해해야 한다고 주장한다. Lloyd-

Jones, 53. 이 견해는 앞으로 이야기할 슬픔의 세 가지 이유를 다 설명하고 그중에서 죄에 대한 슬픔이 가장 적절하다고 말하는 바클레이의 견해와 결을 같이한다. William Barclay, *The Gospel of Matthew*, 3rd ed., The New Daily Study Bible(Edinburgh: Saint Andrew Press, 2001), 109-110.

7) Barclay, 107 참조.
8) MT에는 '아발'의 재귀사역형(히트파엘)이 사용되었다.
9) 참조. Leon Morris, *The Gospel according to Matthew*, The Pillar New Testament Commentary(Grand Rapids: Eerdmans, 1992), 97-98. Barclay, 108; 리처드 가드너, 『마태복음』(대전: 대장간, 2017), 94.
10) Lloyd-Jones, 59.
11) R. T. France, *Matthew: An Introduction and Commentary*, vol. 1, Tyndale New Testament Commentaries(Downers Grove: InterVarsity Press, 1985), 115.
12) 보처트는 예수님의 이 울음은 나사로의 죽음과 관련되어 있다기보다 자신의 소명을 제자들이 인식하지 못한 것과 관련이 있다고 주장한다[Gerald L. Borchert, *John 1-11*, vol. 25A, The New American Commentary(Nashville: Broadman & Holman Publishers, 1996), 360]. 반면에 Tom Wright는 이 장면에서 예수님이 참 사람이라는 사실을 확인할 뿐 아니라 성육신한 말씀이신 예수님—참 하나님이신 예수님--이 우셨다는 사실이 하나님 이해에 미치는 영향을 성찰할 것을 요구한다. "홀로 고립된 하나님 상을 떨어내고, 그 자리에 하나님이신 말씀이 세상의 울음을 우시는 그림을 채워 넣을 때에만, '하나님'이라는 단어의 진정한 의미를 발견할 것이다"[톰 라이트, 『모든 사람을 위한 요한복음 II』, 11-21장(서울: IVP, 2011), 30]. 보처트의 설명은 '예수님이 나사로를 금세 살리실 것이면서 왜 우셨을까'라는 질문에 어느 정도 대답이 되는 반면, 라이트가 제시하는 성육신의 신비의 풍성함을 놓치는 아쉬움이 있다.
13) 그리스어는 '타 프로스 에이레넨'이다.
14) 김정형, 『예수님의 눈물: 인간으로 사셨던 하나님 이야기』(서울: 복 있는 사람, 2019), 144. 참조. 렘 29:7.

15) 라이트, 30.
16) Dong Hyun Bak, *Klagender Gott-klagende Menschen: Studien zur Klage im Jeremiabuch*(BZAW 193; Berlin: de Gruyter, 1990).
17) 헨리 나우엔,『상처 입은 치유자』(서울: 두란노, 2022).
18) 참조. https://en.wikipedia.org/wiki/Passiontide. 2023년 2월 1일 확인.
19) Book of Common Prayer(1662). 김진혁,『우리가 믿는 것들에 대하여: 사도신경에 담긴 그리스도교 신앙 해설』(서울: 복있는 사람, 2022), 291에서 재인용.
20) 이 고백은 아타나시우스 신경에도 있다. 김진혁, 109.
21) 김진혁, 110.
22) 김진혁, 111.
23) 김진혁, 111.
24) 참조. 디트리히 본회퍼,『나를 따르라』(서울: 복있는사람, 2016), 245.

4. 온유의 십자가, 하나님의 사과

1) 노평구 편집.『김교신 전집(4): 성서연구』(서울: 부키, 2001), 37;「성서조선」제25호(1931), 7-8.
2) 참조. 김학철, "온유한 사람은 복이 있다! 그들이 땅을 상속할 것이다(마 5:5): 주석적 탐구와 사회정치적 함의,"「신약논단」21.2(2014): 295-328. 김학철은 "온유함"이 통치자의 덕목이며 "땅을 기업으로 받는다"는 것은 "땅의 진정한 상속자인 예수와 더불어 이스라엘의 통치에 참여함"을 의미한다고 주장한다. 이 주장의 가장 근본에는 마태복음을 아람어를 매개로 구약성경과 연결시켜 이해하는 것보다 기록된 언어인 그리스어 개념을 통해 이해해야 한다는 방법론적 제안이 있다. 그렇게 이해할 경우 "온유함"은 그리스 문화에서 이상적인 통치자의 덕목임을 확인할 수 있다고 주장한다. 김학철의 방법론적 제안과 사회정치적 함의에 대한 논의가 주는 유익한 통찰이 있는 것은 분명하나, 스스로 언급하듯이 팔복의 가장

첫 주제인 "마음의 가난"이 (지도자의) 덕목인지에 대해 논쟁의 여지가 있으며(305), 첫 번째와 두 번째 복됨이 사 61:1-2과 관련되어 있다는 것을 완전히 무시하기는 어려워 보인다.
3) 국립국어원 표준국어대사전. https://stdict.korean.go.kr
4) 정지홍, "온유한 자는 복이 있나니," http://www.christianreview.com.au/2438. 2023년 5월 30일 확인.
5) William Barclay, *The Gospel of Matthew*, 3rd ed.(Edinburgh: Saint Andrew Press, 2001), 111-112.
6) 김도현, 『바울의 사상을 그리다』(서울: 성서유니온, 2023), 305 이하. 정훈택은 온유를 "인간의 야망과는 정반대되는 것"이라고 말한다. 그렇다면 온유를 말하면서도 여전히 힘에 대한 욕망을 버리지 못하는 것은 매우 큰 역설이다. 정훈택, 『산상설교를 어떻게 실천할 것인가?』(서울: 감은사, 2023), 88.
7) John Nolland, *The Gospel of Matthew*, New International Greek Testament Commentary(Grand Rapids: Eerdmans, 2005), 201-202.
8) Nolland, 201-202; 디트리히 본회퍼, 『나를 따르라』(서울: 복있는사람, 2016), 147. 정훈택은 비슷하나 조금 다르게 온유를 "하나님의 처분이 있을 때까지 모든 희망을 여전히 하나님께만 두고 기다리는 것", "하나님의 다스리심에 자신과 자신의 인생을 맡기고 하나님의 사역을 관망하며 하나님의 개입을 기다리는 태도", "하나님을 바라보며 하나님을 의지하고 하나님의 길을 찾으며 이 세상을 다스리는 하나님에게 자신의 인생을 맡기는" 것이라고 설명한다. 정훈택, 『산상설교를 어떻게 실천할 것인가?』(서울: 감은사, 2023), 20, 92, 93.
9) Gary Smith, *Isaiah 40-66*(Nashville: Broadman & Holman Publishers, 2009), 452-453.
10) 참조. 김학철, 313.
11) 이때 쓰인 히브리어 동사는 '나함'의 재귀형(니팔)이다.

5. 두 가지 목마름 사이에서

1) 노평구 편집.『김교신 전집(4): 성서연구』(서울: 부키, 2001), 42;「성서조선」제25호(1931), 11.
2) D. Martyn Lloyd-Jones, *Studies in the Sermon on the Mount*(Grand Rapids: Eerdmans, 1959), 77.
3) 존 스토트,『존 스토트의 산상수훈』(3판; 서울: 생명의말씀사, 2011), 52-53.
4) 조나단 페닝턴,『산상수훈 그리고 인간 번영』(성남: 도서출판 에스라, 2020), 130-131.
5) 페닝턴, 130-131. 페닝턴의 한글 번역본에는 "정의"가 아니라 "의"라고 되어 있지만, 인용하면서 "정의"로 수정했다. 영어로 "정의"(justice)라고 되어 있기 때문이다.
6) https://en.wikipedia.org/wiki/John_Dear 2023년 7월 1일 접속.
7) John Dear, *The Beatitudes of Peace: Medications on the Beatitudes, Peacemaking and the Spiritual Life*(New London: Twenty-Third Publications, 2016).
8) Dear, *The Beatitudes of Peace*. Kindle location 822/2015. 나의 강조.
9) 참조. 정훈택,『산상설교를 어떻게 실천할 것인가?』(서울: 감은사, 2023), 106-108.
10) 제임스 스미스,『습관이 영성이다: 영성 형성에 미치는 습관의 힘』(서울: 비아토르, 2018).
11) 티시 해리슨 워런,『오늘이라는 예배: 사소한 하루는 어떻게 거룩한 예전이 되는가』(서울: IVP, 2019).

6. 자비의 반대말, 제사

1) 노평구 편집.『김교신 전집(4): 성서연구』(서울: 부키, 2001), 49;「성서조선」제25호(1931), 17.
2) 마 6:2-4에는 구제에 관한 이야기가 나온다. 구제는 자비와 같은 어근을 가지고 있지만, 그 의미가 약간 확장된 명사인 '엘레에모쉬네'다.

3) 개역개정이 "인애", 새번역이 "변함없는 사랑", 공동번역개정이 "사랑"이라고 번역한 히브리어는 '헤세드'이다. '헤세드'는 "자비"라고도 번역할 수 있다(참조. 개역개정 사 54:8, 10; 63:7; 대하 5:13; 새번역 왕상 2:7; 사 63:7; 시 6:5; 25:7; 룻 2:20; 대상 16:41; 공동번역개정 사 63:7; 렘 31:3; 시 6:5). 호세아서의 맥락에서는 '헤세드'가 일차적으로 하나님을 향한 것으로 보이기는 하나, 예수님이 이 구절을 인용하면서 사람을 향한 '헤세드'로 제시한 것은 매우 흥미롭다. 호세아서의 맥락을 좀 더 넓게 생각한다면, 6:6에서 '헤세드'는 하나님을 아는 것과 평행되고, 사람을 향한 사랑과 자비가 하나님을 아는 것의 핵심 측면이라는 것은 예언서의 일관된 선언이다(예를 들어, 렘 22:16). 김근주, 『소예언서 어떻게 읽을 것인가1』(서울: 성서유니온선교회, 2015), 106.
4) 로이드 존스는 은혜는 죄를 다루는 방식이고, 자비는 죄의 결과로 인한 고난을 다루는 방식이라며 은혜와 자비를 구별한다. D. Martyn Lloyd-Jones, *Studies in the Sermon on the Mount*(Grand Rapids: Eerdmans, 1959), 99. 반면에 카슨은 자비는 "죄인을 용서하는 것과 고난받는 어려운 사람에 대한 측은한 마음을 모두 포함한다"라고 설명한다. D. A. Carson, "Matthew," in *The Expositor's Bible Commentary: Matthew, Mark, Luke*, ed. Frank E. Gaebelein, vol. 8(Grand Rapids, MI: Zondervan Publishing House, 1984), 134. 용서와 자비(불쌍히 여김)라는 주제가 함께 등장하는 마 18:21-35 같은 본문은 카슨의 의견에 힘을 더한다.
5) 옥한흠, 『빈 마음 가득한 행복』(서울: 국제제자훈련원, 2001), 128.
6) 옥한흠, 128-130.
7) 새번역의 각 구절 맨 마지막이 "빕니다"와 "바랍니다"로 약간 다르지만, 그리스어로는 동일하다. "바랍니다"와 "빕니다"는 한글 표현을 위해 번역에서 추가한 것이다. 개역개정 참조.
8) '죄 지은 사를 사하다'라고 번역된 구문은 문자적으로 '빚진 자를 탕감하다'이다. 난하주 참조.
9) John Nolland, *The Gospel of Matthew*, New International Greek Testament Commentary(Grand Rapids: Eerdmans, 2005), 756.
10) 캐나다 브리티쉬콜럼비아주의 최저 임금(연 약 3,500만 원)을 기

준으로 하면 7조 원이 된다.
11) https://www.forbes.com/billionaires/ 2023년 7월 10일 접속.
12) Lloyd-Jones, 100-105. 가드너도 하나님의 자비가 선행한다고 말한다. 리처드 가드너, 『마태복음』(대전: 대장간, 2017), 96. 반면 정훈택은 이런 말씀들이 "신학적으로…난해"하다고 말하면서도 예수님이 말씀하신 방식을 "바꾸거나 다르게 해명할 방법은 없"다고 확언한다. 정훈택, 『산상설교를 어떻게 실천할 것인가?』(서울: 감은사, 2023), 122-123.

7. 믿음을 잃고 미끄러지려는 우리에게

1) 노평구 편집. 『김교신 전집(4): 성서연구』(서울: 부키, 2001), 53; 「성서조선」 제25호(1931), 21.
2) 참조. John Nolland, *The Gospel of Matthew*, New International Greek Testament Commentary(Grand Rapids: Eerdmans, 2005), 205. 각주 57.
3) https://stdict.korean.go.kr/main/main.do
4) Walther Eichrodt, "kardia," NIDNTT 2:623, 2:625; 조나단 페닝턴, 『산상수훈 그리고 인간 번영: 신학적 주석서』(성남: 도서출판 에스라, 2020). 135에서 재인용.
5) H. Thyen, "katharos," in *Exegetical Dictionary of the New Testament* ed. Horst Robert Balz and Gerhard Schneider(Grand Rapids: Eerdmans, 1990-), 218-219.
6) John Dear, *The Beatitutes of Peace: Meditations on the Beatitutes, Peacemaking and the Spiritual Life*(New London: Twenty-Third Publications, 2016), Chapter 8, kindle location 1031/2015.
7) William Barclay, *The Gospel of Matthew*(3rd ed.; Edinburgh: Saint Andrew Press, 2001), 122-3.
8) D. A. Carson, "Matthew", in *The Expositor's Bible Commentary: Matthew, Mark, Luke*, ed. Frank E. Gaebelein, vol 8(Grand Rapids: Zondervan, 1984), 134-135.

9) D. Martyn Lloyd-Jones, *Studies in the Sermon on the Mount*(Grand Rapids: Eerdmans, 1959), 111. 참고. R. T. France, *Matthew*(Downers Grove: InterVarsity Press, 1985), 116.
10) Cf. "Happy are the utterly sincere, for they will see God!" J. B. Phillips, *The New Testament in Modern English*.
11) 페닝턴도 시 86:11의 "일심"["undivided heart"(NIV), "united my heart"(NASB)]이 "깨끗한 마음"의 의미를 잘 표현한다고 설명한다. Jonathan T. Pennington, NT251: The Sermon on the Mount, Logos Mobile Education(Bellingham, WA: Lexham Press, 2014). 정훈택도 "사심 없는 마음", "나뉘지 않은 마음", "한 가지 마음을 품는 것"으로 설명한다. 정훈택, 『산상설교를 어떻게 실천할 것인가?』(서울: 감은사, 2023), 132.
12) 참조. 리처드 가드너, 『마태복음』(대전: 대장간, 2017), 97.
13) 칠십인역 그리스어로는 '유데시'가 쓰여 마태복음에 쓰인 '카타로스'가 쓰인 것은 아니다. '유데시'는 일반적으로 올곧다, 똑바르다는 의미로 쓰인다.
14) https://www.facebook.com/jongwon.choi.58726823/posts/pfbid02r9uKo82dyZxr22UjgFhhGUr1aMpKU9dEPdZF39n1jzrtSgYMhS3uHR6VDypWtDoSl
15) Cf. Scot McKnight, *Sermon on the Mount*(Grand Rapids: Zondervan, 2013), 46. 참조. 한스 부어스마, 『지복직관: 기독교 전통에서 나타난 하나님에 대한 관조』(서울: 새물결플러스, 2023).
16) 최순화(단원고 2학년 5반, 이창현의 엄마), 2017년 4월 11일.

8. 잊힌 세계관, 잃어버린 제자도

1) 노평구 편집. 『김교신 전집(4): 성서연구』(서울: 부키, 2001), 58; 「성서조선」 제26호(1931), 4.
2) 전성민, 『세계관적 성경읽기』(서울: 성서유니온선교회, 2021), 175.
3) 성경의 원어를 고려하지 않고 개역개정에서 '평화'를 검색하면 22회 검색된다. 하지만 NIV에서 'peace'(평화)를 검색하면 232구절에서

249회 검색된다. 히브리어 '샬롬'은 209구절에 237회, 그리스어 '에이레네'는 어근을 기준으로 91절에 99회 검색된다.
4) 송인규, 『새로 쓴 기독교, 세계, 관』(서울: IVP, 2008).
5) 마 5:9과 골 1:20처럼 합성어는 아니지만 약 3:18에는 동사 '포이에오'의 목적어로 '에이레네'가 나온다. 약 3:18은 정의(그리스어로 '디카이오쉬네')를 평화(그리스어로 '에이레네')의 열매라고 말한다.
6) 현대 그리스도인은 그리스도가 교회의 머리시고 교회가 그리스도의 몸이라는 개념에 익숙하다. 그러나 고대 그리스-로마의 배경에서 이 선언은 우리에게 익숙한 것보다 훨씬 공적인 의미를 지니고 있다. 고대 그리스-로마 사상에는 우주가 영혼이 깃든 합리적으로 통제되는 실체며 로고스(말씀)가 그러한 몸인 우주의 머리라는 개념이 있었다[James D. G. Dunn, *The Epistles to the Colossians and to Philemon*(Grand Rapids: Eerdmans, 1996), 94]. 즉, 그리스도가 몸의 머리라는 선언은 고대 그리스-로마의 사상을 배경으로 할 때 그리스도가 우주의 머리라는 선언이다. 따라서 이 선언은 만물의 창조자이신 그리스도를 세상의 일부로 보이는 교회의 머리로 축소하는 것이 아니라, 세상의 일부에 불과하다고 생각할 수 있는 교회를 우주적 몸과 동일시하며 교회의 공적 의미를 선언하는 것이다. 그리스도의 화해 사역을 본격적으로 말하기 전에 교회의 우주적 의미를 선언하는 것은 매우 의미심장하다. 만물을 향한 화해의 비전을 성경을 통해 배우고, 함께 실천하는 동료를 만나고, 지속적인 힘을 공급해 주는 곳이 교회이기 때문이다.
7) Douglas J. Moo, *The Letters to Colossians and to Philemon*(Grand Rapids: Eerdmans, 2008), 124-125.
8) Moo, 125-126.
9) 이 표현은 2020년 9월 10일 밴쿠버기독교세계관대학원 세계관 및 평화학 M.Div. 개설 기념 콜로키움 "평화의 세계관, 목회를 만나다"에서 김성한이 발표한 "평화의 복음을 이야기하자"에 나오는 표현이다. https://youtu.be/wFCJ8HiI6BU.
10) 알리스터 맥그래스, 『십자가란 무엇인가: 그리스도가 성취한 승리, 구속, 용서, 해방, 자유』(서울: IVP, 2016), 53-106. 존 스토트는 법정의 칭의, 시장의 구속, 선정의 화목, 가정의 화해, 이렇게 네 가지 심상으로 구원을 설명한다. 『그리스도의 십자가』(개정2판; 서

울: IVP, 2007), 323-383. 그런데 이 중에서 죄가 하나님의 진노를 일으키기에 그리스도 안의 하나님이 희생제물이 되어 그 진노를 달래셨다는 화목(propitiation)이라는 심상의 적절함에 대한 논의들이 있다(골로새서 개역개정에 '화목'이라고 번역된 것은 사실 '화해'다). 이에 대해서는 마크 베이커, 조엘 그린, 『십자가와 구원의 문화적 이해: 신약 성경과 현대의 속죄』(서울: 죠이선교회출판부, 2014)를 보라.
11) 이 문단은 맥그래스, 81-88의 간략한 요약이다. 스토트는 아마 '화해'의 이미지가 가장 친숙할 것이라고 이야기한다(스토트, 360). 그러나 그의 추측이 한국 기독교에도 적용될지는 확신이 없다.
12) 맥그래스, 85.
13) 참조. 에마뉘엘 카통골레, 크리스 라이스, 『화해의 제자도: 정의, 평화, 치유를 위한 기독교적 비전』(서울: IVP, 2013).
14) 스토트, 361.
15) 그리스어의 의미를 좀 더 잘 반영한 표현은 새번역의 "화해"다. 개역개정은 "화목"이라고 번역했지만, 이는 개역개정 골 1:20에서 "화해"라고 번역된 것과 같은 단어다(그리스어로 '아포카탈라쏘'). 일반적으로 화목은 하나님의 진노를 누그러뜨리는 일, 화해는 하나님과의 관계를 회복하는 일을 의미한다.
16) John Nolland, *The Gospel of Matthew*, New International Greek Testament Commentary(Grand Rapids: Eerdmans, 2005), 206.
17) 마 8:29과 14:33에서는 "하나님의 아들"이 치유 또는 기적을 행하는 능력과 관련된 호칭으로 나오기도 한다.
18) 리처드 헤이스, 『신약의 윤리적 비전』(서울: IVP, 2002), 509.
19) 번역들을 비교하면서 언급했듯이, 평화를 만드는 사람들을 하나님의 자녀라고 부르는 존재가 하나님인지 세상인지에는 해석의 여지가 있다. 그러나 필자는 10절과의 관련 속에서 세상을 암시된 행위자로 이해한다. 이 문제는 뒤에서 조금 더 논의할 것이다.
20) William Barclay, *The Gospel of Matthew*(3rd ed.; Edinburgh: Saint Andrew Press, 2001), 126.
21) 바클레이는 이런 여러 의미 중에서 다른 사람과 바른 관계를 맺는 것이 평화를 만든다는 의미라고 주장한다. Barclay, 126-7.

22) 유튜브에서 "옥한흠 목사님, 화평케 하는 자"라고 검색하면 이 설교를 영상으로 볼 수 있다. https://youtu.be/ByDTkn9JBXk.
23) 옥한흠, 166-8.
24) 조영래, 『전태일 평전』(서울: 전태일기념사업회, 2020). 이 책은 저자가 누구인지 밝히지 못한 채 전태일기념관건립위원회 엮음, 『어느 청년 노동자의 삶과 죽음: 전태일 평전』(서울: 돌베개, 1983)으로 첫 출판되었다. 이 책의 저자가 인권변호사 조영래라는 사실은 그가 죽은 지 1년 후인 1991년 1차 개정판을 통해 알려졌다.
25) 헤이스의 원래 글은 이렇다. "우리가 비폭력을 선택하는 이유가 신약 성경의 증언에 의해 생성되는 것이라면, 우리는 자신의 아들이 십자가에서 죽기 위해 스스로를 드리도록 뜻하셨던 하나님에 대한 단순한 순종으로 행동하는 것이다. 비록 우리는 그것이 어떻게 가능하게 될지 알 수 있는 능력이 없지만, 하나님의 사랑이 결국은 십자가의 길을 통해 승리할 것이라는 소망과 기대 속에서 이러한 선택을 한다. 그것이, 신약 성경이 되풀이하여 우리를 부르는 제자도의 삶이다. 공동체로서 교회가 그 부름에 충실할 때, 교회는 폭력에 의해 난파된 세계 속에서 평화로운 하나님 나라의 예표가 될 것이다." 헤이스, 524.

9. 신앙의 이유

1) 노평구 편집, 『김교신 전집(4): 성서연구』(서울: 부키, 2001), 60; 「성서조선」 제26호(1931), 5.
2) https://youtube.com/shorts/ZFi7Js-6Gm8.
3) "마조"는 피학성 변태성욕자를 말하는 "마조히스트"의 인터넷 약어다.
4) 크리스토퍼 라이트, 『신명기』(서울: 성서유니온선교회, 2017), 63.
5) 노평구 편집, 『김교신 전집(4): 성서연구』(서울: 부키, 2001), 29-30; 「성서조선」 제24호(1931), 17.
6) 조나단 페닝턴, 『산상수훈 그리고 인간 번영』(성남: 도서출판 에스라, 2020), 133.
7) 참조. 디트리히 본회퍼, 『나를 따르라』(서울: 복있는사람, 2016), 154, 156.

8) 『김교신 전집(4): 성서연구』(서울: 부키, 2001), 60; 「성서조선」 제26호(1931), 5.
9) Jonathan T. Pennington, NT251: The Sermon on the Mount, Logos Mobile Education(Bellingham, WA: Lexham Press, 2014), segment 25. 문법적으로 말하자면 3-9절에서는 복된 사람을 묘사하는 데 형용사(3, 5, 7, 8, 9절)나 능동 분사(4, 6절)가 쓰였고, 10절에서는 수동 분사가 쓰였다. 이렇게 앞서 반복된 패턴과 구별되는 형식이나 내용을 통해 한 단락을 마무리하는 것은 성경에 자주 쓰이는 글쓰기 관습이기도 하다.
10) 톰 라이트, 『모든 사람을 위한 마태복음(1)』(서울: IVP, 2010), 65.
11) 조금 더 정확히 말하자면, 나는 앞의 다섯 가지 복됨(3-7절)이 평화와 정의로 수렴되고(9-10절) 평화와 정의를 위해 사는 사람들에게 마음이 청결해 하나님을 보는 복이 필요하다고(8절) 팔복의 구조와 흐름을 이해한다. 여기서는 논의를 단순히 하기 위해 일곱 개의 복이 마지막 복으로 수렴한다고 말했다.
12) 참조. 정훈택, 『산상설교를 어떻게 실천할 것인가?』(서울: 감은사, 2023), 161.
13) Pennington, segment 25.

10. 복입니다, 여러분은!

1) 노평구 편집. 『김교신 전집(4): 성서연구』(서울: 부키, 2001), 63; 「성서조선」 제26호(1931), 8-9.
2) 정훈택은 예수님이 팔복에서 삼인칭을 사용하신 것은 어떤 사람이 자신의 제자가 될 수 있는지 그 복의 범위에 들어오는 사람들을 규명하시기 위함이라고 설명한다. 정훈택, 『산상설교를 어떻게 실천할 것인가?』(서울: 감은사, 2023), 18.
3) 톰 라이트의 번역은 3-10절에서도 이인칭과 삼인칭을 결합했다. 어떤 사람이 복된지 말하는 부분은 삼인칭을, 복된 이유를 설명하는 부분은 이인칭을 사용했다. "심령이 가난한 사람에게 놀라운 소식이 있다! 하늘 나라가 너희 것이다. 슬퍼하는 사람에게 놀라운 소식이 있다! 너희는 위로를 받을 것이다. 온유한 사람에게 놀라운 소

식이 있다! 너희는 땅을 유업으로 받을 것이다…하나님의 길을 걷기 때문에 박해받는 사람에게 놀라운 소식이 있다! 하늘 나라가 너희 것이다."

4) Leon Morris, *The Gospel according to Matthew*(Grand Rapids: Eerdmans, 1992), 102, note 37.
5) John Dear, *The Beatitudes of Peace: Meditations on the Beatitudes, Peacemaking & the Spiritual Life*(New London: Twenty-Third Publications, 2016), Kindle location 1438/2015.
6) 조나단 페닝턴, 『산상수훈 그리고 인간 번영』(성남: 도서출판 에스라, 2020), 148.
7) 페닝턴, 149. 리처드 가드너, 『마태복음』(대전: 대장간, 2017), 99.
8) 벧전 1:8과 4:13은 그냥 '기뻐하다'라고 되어 있지만, 1:6의 '크게 기뻐하다'와 똑같은 단어다. 물론 이 단어는 고난의 맥락뿐 아니라 일반적인 기쁨을 표현하는 맥락에서도 사용된다(예를 들어, 행 2:26; 16:34; 계 19:7). D. A. Carson, "Matthew," in *The Expositor's Bible Commentary: Matthew, Mark, Luke*, ed. Frank E. Gaebelein, vol. 8(Grand Rapids: Zondervan, 1984), 137.
9) 가드너, 『마태복음』, 91.
10) 한글 『메시지』는 "너희만 그런 일을 당하는 것이 아님을 알아라"라고 번역했다.
11) 정훈택, 156.

참고문헌

국내 저자

김근주. 『소예언서 어떻게 읽을 것인가1』. 서울: 성서유니온선교회, 2015.
김도현. 『바울의 사상을 그리다』. 서울: 성서유니온선교회, 2023.
김정형. 『예수님의 눈물: 인간으로 사셨던 하나님 이야기』. 서울: 복있는 사람, 2019.
김진혁. 『우리가 믿는 것들에 대하여: 사도신경에 담긴 그리스도교 신앙 해설』. 서울: 복있는 사람, 2022.
김학철. "온유한 사람은 복이 있다! 그들이 땅을 상속할 것이다(마 5:5): 주석적 탐구와 사회정치적 함의."「신약논단」 21.2 (2014): 295-328.
노평구 편집. 『김교신 전집(4): 성서연구』. 서울: 부키, 2001.
송인규. 『새로 쓴 기독교, 세계, 관』. 서울: IVP, 2008.
오성민. 『교회 구석에서 묻는 질문들』. 서울: 복있는사람, 2022.
옥한흠. 『빈마음 가득한 행복』. 서울: 국제제자훈련원, 2001.
전성민. 『세계관적 성경읽기』. 서울: 성서유니온선교회, 2021.
정훈택. 『산상설교를 어떻게 실천할 것인가?』. 서울: 감은사, 2023.
조영래. 『전태일 평전』. 서울: 전태일기념사업회, 2020.

외서 번역본

리처드 가드너. 『마태복음』. 대전: 대장간, 2017.
헨리 나우엔, 『상처 입은 치유자』. 서울: 두란노, 2022.

크리스토퍼 라이트. 『신명기』. 서울: 성서유니온선교회, 2017.
톰 라이트. 『모든 사람을 위한 마태복음(1)』. 서울: IVP, 2010.
알리스터 맥그래스. 『십자가란 무엇인가: 그리스도가 성취한 승리, 구속, 용서, 해방, 자유』. 서울: IVP, 2016.
리차드 미들턴, 브라이안 왈쉬. 『그리스도인의 비전』. 서울: IVP, 1987.
마크 베이커, 조엘 그린. 『십자가와 구원의 문화적 이해: 신약 성경과 현대의 속죄』. 서울: 죠이선교회출판부, 2014.
디트리히 본회퍼. 『나를 따르라』. 서울: 복있는사람, 2016.
한스 부어스마. 『지복직관: 기독교 전통에서 나타난 하나님에 대한 관조』. 서울: 새물결플러스, 2023.
존 스토트. 『존 스토트의 산상수훈』. 3판. 서울: 생명의말씀사, 2011.
_____. 『그리스도의 십자가』. 개정2판. 서울: IVP, 2007.
밥 에크블래드. 『소외된 자들과 함께 성경읽기』. 서울: 성서유니온선교회, 2010.
티시 해리슨 워런. 『오늘이라는 예배: 사소한 하루는 어떻게 거룩한 예전이 되는가』. 서울: IVP, 2019.
알버트 월터스, 마이클 고힌. 『창조, 타락, 구속』. 서울: IVP, 2007.
에마뉘엘 카통골레, 크리스 라이스. 『화해의 제자도: 정의, 평화, 치유를 위한 기독교적 비전』. 서울: IVP, 2013.
조나단 페닝턴. 『산상수훈 그리고 인간 번영』. 성남: 도서출판 에스라, 2020.
리처드 헤이즈. 『신약의 윤리적 비전』. 서울: IVP, 2002.

외서

Bak, Dong Hyun. *Klagender Gott-klagende Menschen: Studien zur Klage im Jeremiabuch*. BZAW 193. Berlin: de Gruyter, 1990.

Barclay, William. *The Gospel of Matthew*. 3rd ed. The New Daily Study Bible. Edinburgh: Saint Andrew Press, 2001.

Borchert, Gerald L. *John 1-11*. The New American Commentary. Nashville: Broadman & Holman Publishers, 1996.

Carson, D. A. "Matthew." In *The Expositor's Bible Commentary: Matthew, Mark, Luke*, ed. Frank E. Gaebelein, vol. 8. Grand Rapids: Zondervan, 1984.

Dear, John. *The Beatitudes of Peace: Medications on the Beatitudes, Peacemaking and the Spiritual Life.* New London: Twenty-Third Publications, 2016.

Dunn, James D. G. *The Epistles to the Colossians and to Philemon.* Grand Rapids: Eerdmans, 1996.

Eichrodt, Walther. "kardia." *NIDNTT* 2:623, 2:625

France, R. T. *Matthew: An Introduction and Commentary.* Tyndale New Testament Commentaries. Downers Grove: InterVarsity Press, 1985.

Lloyd-Jones, D. Martyn. *Studies in the Sermon on the Mount.* Grand Rapids: Eerdmans, 1959.

McKnight, Scot. *Sermon on the Mount.* Grand Rapids: Zondervan, 2013.

Moo, Douglas J. *The Letters to Colossians and to Philemon.* Grand Rapids: Eerdmans, 2008.

Morris, Leon. *The Gospel according to Matthew.* The Pillar New Testament Commentary. Grand Rapids: Eerdmans, 1992.

Nolland, John. *The Gospel of Matthew: A Commentary on the Greek Text.* New International Greek Testament Commentary. Grand Rapids: Eerdmans, 2005.

Pennington, Jonathan T. NT251: The Sermon on the Mount. Logos Mobile Education. Bellingham: Lexham Press, 2014.

Provan, Iain. *The Reformation and the Right Reading of Scripture.* Waco: Baylor University Press; 2017.

Smith, Gary. *Isaiah 40-66.* Nashville: Broadman & Holman Publishers, 2009.

Thyen, H. "katharos." In *Exegetical Dictionary of the New Testament* ed. Horst Robert Balz and Gerhard Schneider. Grand Rapids: Eerdmans, 1990-.

웹사이트

국립국어원 표준국어대사전. https://stdict.korean.go.kr
정지홍. "온유한 자는 복이 있나니." http://www.christianreview.com.au/2438(2023년 5월 30일 확인).
최종원. "이상하고 별나지만 아름다운 삶을 위하여" https://www.facebook.com/jongwon.choi.58726823/posts/pfbid0y8J-MeZRNKx8NPFsP7oQ44xPqEnuoMvUQaNgHYco1JMBmz-NoKwjptGrzunJGcU3Kgl(2023년 1월 20일 접속).
최종원. "역사가 진전할까?" https://www.facebook.com/jongwon.choi.58726823/posts/pfbid02r9uKo82dyZxr22UjgFhhGU-r1aMpKU9dEPdZF39n1jzrtSgYMhS3uHR6VDypWtDoSl(2023년 8월 1일 확인).
"John Dear." https://en.wikipedia.org/wiki/John_Dear(2023년 7월 1일 확인).
"Passiontide." https://en.wikipedia.org/wiki/Passiontide(2023년 2월 1일 확인).
"World's Billionaires List: The Richest in 2023." https://www.forbes.com/billionaires(2023년 7월 10일 확인).

유튜브 영상

김성한. "평화의 복음을 이야기하자." https://youtu.be/wFCJ8HiI-6BU(2023년 9월 1일 확인).
옥한흠. "화평케하는자가 하나님의 아들." https://youtu.be/ByDTkn-9JBXk(2023년 9월 1일 확인).
전성민. "평화를 만드는 사람들, 하나님을 보여주는 사람들." https://www.youtube.com/shorts/ZFi7Js-6Gm8(2023년 9월 1일 확인).

성서유니온선교회(Scripture Union)는 1867년에 영국에서 어린이 전도와 성경읽기 사역을 시작하여, 현재 120여 개국에서 다양한 사역을 펼치고 있는 국제 선교단체입니다.

한국성서유니온선교회는 1972년에 시작되어 한국 교회에 성경묵상(QT)을 소개하였고, 현재 전국 12개 지부에서 성경읽기, 어린이·청소년 전도, 캠프, 개인성경공부(PBS), 그룹성경공부(GBS), 지도자 훈련, 기독교 서적 출판 등의 사역에 힘쓰고 있습니다.

성서유니온선교회의 목적은 어린이와 청소년 그리고 그들의 가정에 하나님의 복음을 전하는 한편, 모든 그리스도인이 규칙적이고 체계적인 성경묵상을 통해 온전한 믿음에 이르도록 돕는 것입니다.

팔복, 예수님의 세계관

지은이 전성민
판권 ⓒ (사)한국성서유니온선교회 2023
펴낸곳 (사)한국성서유니온선교회

초판 발행 2023년 11월 30일

등록 제14-6호(1978. 10. 21.)
주소 05663 서울시 송파구 오금로 22길 13
전화 02-2202-0091
팩스 02-2202-0095
이메일 edit02@su.or.kr
홈페이지 http://www.su.or.kr

ISBN 978-89-325-0226-7 03230